班级真活动，学生真发展

「新基础教育」指导下小学班级活动26例及评析

大夏书系·全国中小学班主任培训用书

谢德华 编著

华东师范大学出版社

ECNUP

全国百佳图书出版单位

目　录

第二章
真任务，真实践

第三章
真交往，真体验

第四章
真过程，真研究

第五章
真系列，真生活

序言　创生中国班级建设研究的真经验

中国有几百万中小学班主任，如果几百万班主任联合起来，投入研究，应该会极大促成知识的创生，极大促进班级建设实践的深化，极大造福于千万的儿童、家长乃至班主任自己。

而前提之一就是：必须投入真研究！

如果没有对复杂的班级建设实践的研究，没有对班级生活中的学生的研究，没有对班级与外部生态的关系的研究，没有班主任自己作为研究者的自觉和具体的研究能力，那么班主任研究领域依然将表现为大量的重复、大量从头开始的试错、大量的信息喧嚣。

而这，该多么可惜！

正是在这样的背景下，一位位有志有情的班主任在创生中国班级建设的新知识，在提升中国班级建设的实践品质。

这本书的写作者，就属于这个群体。

这些内容的写作者，我都熟悉；这里所写的活动，很多我就在现场。当读着熟悉的合作伙伴对所熟悉的活动的介绍、阐述、探讨，情感上是愉悦的，理性上是兴奋的，信念上是坚定的。

所谓坚定的信念，是因为这群合作者们所践行的道路是光明的。来自深圳市光明区的班主任们，坚定地将自己的实践转化为研究性变革实践，坚定地走在做、听、说、读、写综合的发展之路上，坚定地朝着成事成人的方向前行，坚定地追求着"教天地人事，育生命自觉"的教育境界。作为读者，作为合作者，我坚信这一方向是光明的、这一道路是光明的。

所谓兴奋的理性，是因为这里的实践创新唤醒了对这一领域价值的再理解，明晰了这一领域的复杂性，凸显了这一领域的专业性。长久以来，班主任不被真正视为专业人员，而我们共同投入其中的"新基础教育"研究，正在恢复班主任作为专业人员的尊严，正在揭示班主任专业性的内涵，正在凸显班主任专业品质的尊严。当读着书中一个个经过实践检验、经过理性思考，从而跃然而出的研究成果时，更多的意识被唤醒，更多的思想被激活，更多的思考被激发。

所谓情感的愉悦，是因为阅读的过程就是回味的过程，就是和合作伙伴对话的过程。在曾经共同经历的研究中，我们一起探讨，一起进入主题活动现场，一起反思与重建，一起开展专业对话。我曾邀请其中的几位作者去华东师范大学担任客座教师，我也曾和其中的几位作者一起主持上海市优秀班主任培训和参与各类专业性的会议，我也曾为了每次的现场研讨，一次次经历航班的延误，甚至会在凌晨三点多才最终到达深圳的宾馆，并在早晨七点多就出发去实验学校。我能体会到这里的每位作者也都是这样的真诚，都友善而互相帮助，都真心真意地交往和工作着。

正是这样的一群人，成就这样的研究，产出这样的成果。

更值得向往的是，中国有更多的班主任投入这样的研究，开展班级的真活动，促成学生的真发展，积淀中国班级建设研究的真经验！

事实上，深圳市光明区的伙伴们已经在这样做了，全国"新基础教育"研究团队的伙伴们已经在这样做了，全国更多的班主任已经在这样做了……

李家成

上海终身教育研究院执行副院长

华东师范大学"生命·实践"教育学研究院副院长

2018 年 12 月 18 日

前言　开展班级真活动，促进学生真发展

一

2014 年 9 月，深圳市光明新区（2018 年 9 月正式更名为光明区）与华东师范大学"新基础教育"研究中心正式合作，开展"新基础教育"实验。班队工作，作为实验的重要项目之一，受到了相当的关注。我们首批选拔了 5 所学校 10 名教师成为实验班主任，华东师范大学（以下简称"华东师大"）的李家成教授是项目组指导教师，我作为教研员配合李教授工作。班队工作实验之初的重点是班队活动变革，就是要将活动权真正还给学生，让学生成为活动的主人，以此促进学生的真正成长。

实验进行了一段时间，但老师们依然对班级活动变革的方向不是很清楚、很理解。为了帮助大家更好地把握活动要义，在李家成教授的指导下，我们对光明区长圳学校刘丽如老师的两个同主题"友善"活动进行了观摩与比较。其中一个是在参加"新基础教育"实验前的获奖班会，她当时获得了光明区小学班会课一等奖第一名，应该说代表了传统班会的较高水平。另一个是她在参加"新基础教育"实验后重新设计的活动，是她去汕尾支教，临时与当地班主任一起合作完成的班级活动。（如下表）

友善是举手之劳	亲，今天微笑了吗？
课前活动 教师准备相关课件素材，组织五位学生开展班级友善调查，了解班级同学中不友善的行为。	学生分组开展"校门口微笑打招呼"大调查。 一组，实地观察校门口微笑打招呼的情况，并作相应采访； 二组，在校园发放并回收调查表，采访师生，汇总调查结果； 三组，对校门口微笑打招呼问题进行调查访谈，开展原因分析； 四组，对校门口微笑打招呼问题进行调查访谈，提出解决办法； 五组，跟踪拍摄第1—4组的活动过程。
课内活动 1. 友善是举手之劳。播放《留一盏灯温暖他人》视频，引发学生感动和感触。 2. 友善可以被唤醒。播放《你会怎么做？目睹清洁工遭遇困境》视频，并组织学生合作探究，以路人的身份思考该怎么做。 3. 友善大放送。展示班级友善情况小调查的结果，鼓励学生关注身边的友善情况，并分析原因澄清认识。 4. 友善点个赞。请同学们动动自己的手指，在课后利用QQ、微信为本节班会课点赞，传递友善。	1. 微笑萌芽。通过组织参与"镜中的我"团队游戏，让学生感受微笑，调动情绪。 2. 微笑搜查。第一、二组分组展示汇报"校门口微笑打招呼"的调查结果，交流对现状的认识。 3. 微笑讨论。第三、四组分组汇报"校门口微笑打招呼"问题的原因，特别根据四组的具体办法进行完善和丰富，形成统一意见，同时邀请校长作代表参与讨论，给予评价。 4. 微笑传递。从观看视频《微笑的力量》切入，鼓励大家从自己做起，在校门口坚持微笑打招呼，引导全校学生自觉践行打招呼的习惯，引领学校友善新风。

两个活动的现场效果都非常好。教师情感丰富，善于调节氛围，师生关系和谐，正是在教师的巧妙引导之下，学生们积极发言，言之有物，非常踊跃，让在座的师生赞叹不已。但细看之下，老师们还是看出了两个活动的一些差别。

有人说，第一个活动似乎只是一堂课，更像是品德课，一些活动也仅仅是课堂活动，不是一个真正意义的学生活动。有人说，第一个活动中真正参与的学生似乎太少，好像只有参与前期调查的 5 个人。还有人说，类似"友善点赞"的学生活动只是停留在表面作秀上，并没有学生实际参与，更有老师具体概括为：活动形式化、活动任务化、活动课堂化。

相对于第一个活动，第二个活动受到了更多老师的肯定，认为这更像是一个真实的活动，活动任务真实、活动环境真实、学生参与真实，因而学生获得的成长也是真实的。

于是我们尝试着将两个活动作对比，从活动核心、活动主体、参与程度、活动性质、学生变化等方面进行比较，并发现了一些异同。（如下表）

活动名称	活动核心	活动主体	参与程度	活动性质	学生变化
友善是举手之劳	说教道理	班主任个别学生	被动参与参与面窄	认知活动	个人意识
亲，今天微笑了吗？	引导行动	全体师生	主动参与参与面宽	实践活动	班级生活

在共同启发下，大家开始领悟到了开展活动的方向，那就是从班会说教走向班级活动，走向真实的班级活动。所谓班级真活动，有两重内涵，一是班级开展真正的活动，提倡实践性活动，变革认知性活动；二是班级真正地开展活动，鼓励全体学生自主投入、真实参与。概括起来，就是把班级活动权真正还给学生，让学生成为活动的真正主人，强调学生活动过程的真实参与，以此促进学生的真实成长。

目前，受应试教育等多种原因的影响，一些班主任不屑、不愿做班级活动，也不清楚如何做班级活动，因此班级活动方面出现了许多乱象，具体表现为"五多五少"，即主体上教师安排多，学生自主少；内容上宏大主题多，具体任务少；形式上课堂学习多，课后实践少；过程上片段感受多，完整参与少；效果上宣传报道多，成长分析少。这必然会让班级活动的育人本质大打折扣。以活动形式为例，许多班主任把班级活动理解为班会，班会课上习惯找几个感人的视频，最好能让学生感动得泪流满面，或者再找几个两难问题，让孩子们象征性地讨论一下，以为这就是班级活动。殊不知，这只是一堂课，实质是一堂思想品德课，它侧重于学生的认知改变，让学生"知"道什么该做，但学生的德性培养、个性发展与学科教学最大的不同在于，必须回归真实生活，回归真实生活中的实践及其反思重建，说到底是一个"做"字。我们不排斥"知"，但比"知"更重要的是"做"。目前班主任工作很大的弊病在于，学生"知"的很多，但"做"的太少，所以育人效果不佳。我们提倡"真活动"，就是大力提倡学生去做真实的事，真实地做，全员地做。具体包括三个方面。

一是实践性任务。按活动的具体内涵来分，可分为认知性活动和实践性活动。指向学生内部思维变化与发展的活动，我们习惯称为认知性活动；指向学生外部世界拓展与探究的活动，我们习惯称为实践性活动。毫无疑问，刘丽如老师的第一个活动更多类似于认知性活动，主要侧重于学生认识和思维的变化，第二个活动更多类似于实践性活动，侧重于在做中学，正是由于学生积极参与到了"校门口微笑打招呼"这一调查活动中来，才有了诸多的丰富体验、真实感受，为其后续成长提供了基础和条件。

二是自主性投入。活动最大的特点就是要求自主，没有主体性表达的活动，从某种意义上讲都是假活动。在刘老师开展的第一次活动中，学生是被动的，是被老师牵着走的。第二个活动，通过调查这一有趣新颖的方式切入，唤醒了学生的兴趣，调动了大家参与的积极性，包括采访谁，用什么方式采访，采访什么内容，采访的结果以何种方式呈现，都是由学生小组集体自主完成的，体现了较好的自主性。

三是全员性参与。即依托班级全体成员，特别是班级全体学生共同参与、共同创造，最后要有利于班级发展和班级全体学生的成长。比如刘老师的第一个活动，真正参与的只有少数人，而第二个活动中，根据全纳教育的要求，老师将全班学生分成了 5 组，并且为所有学生设置和开发了不同岗位（有调查员、访谈员、记录员、联络员、汇报员、摄影员等），每个学生都被卷入到活动中去，实现了教育的目的。

<h1 style="text-align:center">二</h1>

截止到 2019 年 3 月，不知不觉我们已经进行了四年多的实验工作，上千个日日夜夜，我们为"新基础教育"殚精竭虑，确保呈现一个个"真活动"。仔细算来，在华东师大李家成老师的直接指导下，四年多来多所实验学校的近 20 位骨干班主任带动全体班主任教师，开展了 25 轮班队工作的区级研讨，2 轮班队普查活动，共计开展了 387 节次区级研讨活动。

2017 年 6 月底，我们对三年实验工作作了一项专题调研，在 5 所实验学校 3—6 年级各 1 个班共 20 个班发放了问卷，并开展了访谈，还在 5 所同类非实验学校中选择了相应 20 个班发放了问卷，对三年实验效果作了初步摸底。结果显示，实验学校在四个方面有突出表现。

1. 班级民主意识开始萌芽。

班级是个小社会，班级内部的民主培育是建设班级的重要内容，而班干部的产生及评价状况往往体现了班级内部的民主化水平。通过调查我们发现，实验学校班级干部的竞选比较正常，基本能坚持公开竞选，而非实验学校班干部竞选则不够透明，更多地由班主任确定。两者在统计学上有显著差异。（如下表）

干部竞选		公开竞选，人员和去年很不一样	竞选了，但是人员基本没变化	没有竞选，班主任或老师确定、宣布	没有竞选，直接用原来的学生干部	合计
实验学校	计数	416	294	89	160	959
	占比	43.4%	30.6%	9.3%	16.7%	100.0%

干部竞选		公开竞选，人员和去年很不一样	竞选了，但是人员基本没变化	没有竞选，班主任或老师确定、宣布	没有竞选，直接用原来的学生干部	合计
非实验学校	计数	309	321	154	148	932
	占比	33.2%	34.4%	16.5%	15.9%	100.0%

另外，在班干部评价方面，数据显示，实验学校的班干部在每学期结束或一次活动结束后，会经常性地向全班同学作总结，而非实验班级则比较欠缺。两者在统计学上有显著差异。（如下表）

每学期结束，或一次活动结束，我们班里的学生干部会向我们作总结		非常符合	比较符合	说不清	比较不符合	非常不符合	合计
实验学校	计数	398	219	129	84	104	934
	占比	42.6%	23.5%	13.8%	9.0%	11.1%	100.0%
非实验学校	计数	233	174	171	117	224	919
	占比	25.4%	18.9%	18.6%	12.7%	24.4%	100.0%

2. 学生自主管理有所增强。

我们发现，在实验学校中，班级活动多是由学生自主策划和实施的，而在非实验学校中，班级活动多由老师策划和组织。两者在统计学上有显著差异。（如下表）

我们班级的活动（如班会、评比、比赛等），多数为		老师策划与实施	老师策划，学生实施	在老师的指导下，由学生策划与实施	我不知道，或不清楚	合计
实验学校	计数	71	191	624	58	944
	占比	7.5%	20.2%	66.1%	6.2%	100.0%
非实验学校	计数	99	224	497	108	928
	占比	10.7%	24.1%	53.6%	11.6%	100.0%

　　可能也正是因为学生自主性发挥较好，我们进一步发现，在实验学校学生参加班级活动更加普遍，而非实验学校的班级活动中，学生的参与积极性似乎更低一些。两者在统计学上有显著差异。（如下表）

班级里的同学参加班级活动的情况是		几乎所有学生都喜欢并主动参加	部分特长学生喜欢，其他学生无所谓	几乎所有学生都无所谓，动员参加就参加	学生很反感，不愿参与	合计
实验学校	计数	657	232	50	17	956
	占比	68.7%	24.3%	5.2%	1.8%	100.0%
非实验学校	计数	553	302	59	19	933
	占比	59.3%	32.4%	6.3%	2.0%	100.0%

　　3.班级交往范围相对扩大。

　　通过统计，我们发现相比非实验学校，实验学校开展班级活动中，科任教师、社会人士、家长等参与程度更高，两者在统计学上有显著差异（如下表）。实验学校的学生因此享受了更大范围的交往，交往空间得到进一步扩充。

			非常符合	比较符合	说不清	比较不符合	非常不符合	合计
这学期班主任组织的班级活动，其他学科老师主动来参加过	实验学校	计数	244	355	164	90	96	949
		占比	25.7%	37.4%	17.3%	9.5%	10.1%	100.0%
	非实验学校	计数	273	212	192	101	145	923
		占比	29.6%	23.0%	20.8%	10.9%	15.7%	100.0%
本学年有社会人士、家长等参加过我们班组织的活动	实验学校	计数	518	237	104	34	55	948
		占比	54.6%	25.0%	11.0%	3.6%	5.8%	100.0%
	非实验学校	计数	415	287	111	57	50	920
		占比	45.1%	31.2%	12.1%	6.2%	5.4%	100.0%

4.学生综合素质较好提升。

通过调查我们发现，相对于非实验学校，实验学校的学生承担班级岗位更多，参与班级事务的机会更多，这些都有力地促进了学生综合素质的提高。在访谈中，实验班级中的学生纷纷自豪地表达自己在活动中的变化与发展。

学生：我觉得在与人交流方面的提高比较快。

学生：我觉得我的记忆力明显提高了，比如玩魔方的时候有一些公式要背，以前最起码要用一个星期才能背完，现在用两三天就背下来了。

学生：我觉得我的动手能力变强了，自己能够做手工和一些艺术品。

学生：我觉得我舞蹈方面变好了，还有唱歌，因为下课的时候我们几个女生都会聚在一起唱歌。

学生：我觉得这次我的运动能力提升了。昨天的体育考试我就突破了自己，拿到了88分。

老师：这跟我们班级搞活动有什么关系呢？

学生：班级平时有一些运动会，我们之前也会利用体育课进行练习，所以我觉得我自己的运动能力提高了。

学生：我现在敢于帮老师策划一点东西，虽然每个都不是非常优秀，可是我也是比较努力来想这些东西了。

给人印象最深的是光明小学三（6）班，他们是伴随新区"新基础教育"组建的实验班，三年来，他们在班主任老师林小燕的带领下，开展了多种多样的班级活动，班级面貌焕然一新，学生状态与发展水平明显超越平行对比班级。2016年11月，由于班主任老师临时生病，不能组织班会，学生们就主动承担了自己的班会，向在座50多位观摩老师展示了一场没有班主任的真实班会，他们将前期自行组织的"校园岗位我承担"活动进行了汇报、梳理和优化，活动过程井然有序，活动问题得到了有效解决，所有的观摩老师都被这批孩子的表现折服了，称赞"这批孩子很阳光，很自信，表达能力好，实践水平高，情商高，素质好……"

这些调查结果与实际发现让我们充满了信心，正是我们坚持做真活动、真做活动才使学生有了真发展，让班级生活有了真变化。

三

班级真活动，不但是一种应该倡导的教育的理念，而且也被证明是行之有效的学生发展策略，但这对于广大班主任老师而言是不够的，为了更好地促进行为变革，还必须有比较系统的操作规范，只有这样才能保证所有老师自觉践行真活动。

根据四年多的实践与研究，我们概括出了"新教育教育"指导下的班级活动的育人机制（如下图）。

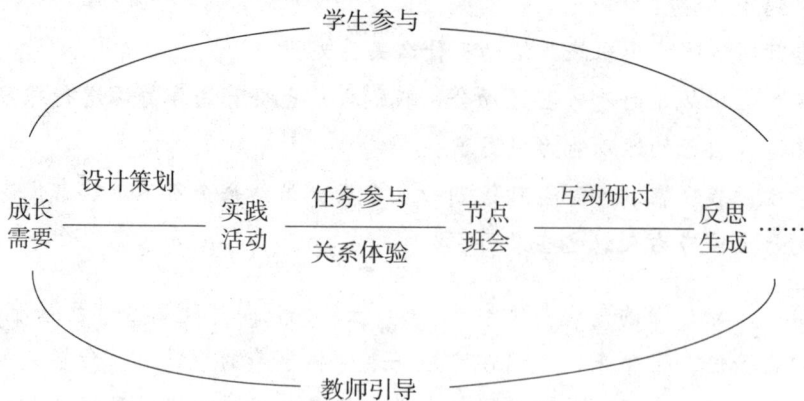

学生参与

成长
需要 —— 设计策划 —— 实践
活动 —— 任务参与
关系体验 —— 节点
班会 —— 互动研讨 —— 反思
生成 ……

教师引导

根据这一机制，我们认为践行真活动必须经过以下五个方面的反复循环过程。

第一，真需要，真起点。就是要研究班级成长需要，引导学生主动策划。班级活动从哪里来？是从上级任务中来还是从本班里自发而来？我们在这几年的实践里，强烈地感受到，只有从学生生活中来的班级活动才有生命力。班主任要研究学生，研究学生的年龄特点，研究学生成长中面临的困难和问题，寻找他们真实的成长需要；还要研究班级，研究班级所处的发展阶段及其实际困难，寻找班级的发展需要。因此，班主任要熟悉小学 1—6 年级不同阶段的发展需要，并根据"最近发展区"理论引导学生为自己和班级设计恰当的目标，策划科学的活动。

第二，真任务，真实践。就是要挖掘育人资源，促进学生深度参与。活动的育人效果，很大程度上在于学生是否真实参与，是否全面参与，是否全程参与。因此，必须考虑活动育人资源的开发，真正将学生全员卷入，深度卷入。一方面要从课堂的小活动中跳出来，在广阔的社会中寻找真实的实践可能，鼓励学生围绕班级管理、文化建设、学科融通、社会自然与文化资源的开发等，发现真实问题，开展项目式学习，有利于激发参与的积极性。另一方面围绕活动本身，可以开发若干个任务小组，而在每个小组中，又可以开发各种角色，包括统筹类角色、管理类角色、服务类角色、评价类角色等，这样就可以保证在最大程度上让学生参与其中。

第三，真交往，真体验。就是要丰富多元交往，提升成事可能和成长体验。关系是活动开展的重要资源，一个人的努力、智慧与资源是有限的，不可能保障活动的顺利开展，也无法完成活动的所有事宜，因此必须借助外力。这就需要拓展和建立各种关系，帮助学生解决活动过程中的各种困难，促进活动顺利推进。另外，关系是学生成长与发展的重要机制，学生在关系中会将他人作为参照反观自身，也可以在关系中开展竞争与合作，提升自身能力。因此要通过多种形式，建立和丰富学生与学生之间的关系、学生与教师之间的关系、亲子之间的关系，让各种关系成为促进学生发展的资源，不断丰富学生个体的成长体验。

第四，真过程，真研究。就是要优化节点班会，组织学生反思生成。活动过程有诸多环节，包括选题确立、方案策划、动员组织、现场实施、总结分享等，每个环节都会产生各种问题，也会形成相应的教育资源。因此，班主任要高度重视这些过程性的节点，积极召开节点性班会，组织学生对班会进行反思和研究。这一方面是因为班会是学生反思的最好载体与途径，通过班会进行研究与反思，有利于将活动体验内化为学生的心理结构、个性品质。另一方面也是因为活动的开展不可能一蹴而就，需要经过复杂曲折的过程才能完成，节点班会在促进学生体验升华的同时，通过组织相互讨论，聚焦活动本身的困难与问题，找到推进活动的渠道与方法，有利于改进活动的推进过程，有助于活动目的的达成。

第五，真系列，真生活。就是要坚持活动系列滚进，引导学生长期践行。不能寄希望于一两次活动就能实现学生的真正发展，要相信学生素质的变化是一个长期而缓慢的过程，因此班主任要有意识地在活动结束之后引导学生在新的起点上思考新的成长需要，研究新的发展问题，开启新的教育活动，形成一个相对较长期的活动系列，最终促进学生在长期的实践活动中不断沉淀，获得成长。班主任老师要有连续教育的习惯，及时把握班级和学生发展中的新契机、新问题，趁势而上，实现滚动。只有这样，班级活动才能成为改变班级日常生活的力量，成为一段新型的班级生活，在这种新型生活中，学生的发展才得以滋养。

为了更好地梳理"真活动"的理念及策略，帮助广大班主任更好地学习和认识"新基础教育"，我们组织编写了这本书。一方面，希望通过本书，梳理光明区"新基础教育"学生工作项目组骨干老师们的实验成果，力求最真实呈现我们做过的活动，展现学生的发展，展示"新基础教育"在推进活动育人方面的独特性。另一方面，希望在若干案例背后，抽取一些共性内容，形成相对系统的理论思考，为此我们尝试梳理了6个不同年级的学生成长需要，5个不同维度的主题内容，5种不同类型的关系交往，5个不同过程的节点班会，5个不同形式的活动系列，希望对广大班主任有所帮助。

编写这本书时，我们试图突显三个目的，一是让读者理解班级真活动，尽量做到清晰、浅显；二是让读者接受班级真活动，尽量呈现精彩、有效；三是让读者尝试班级真活动，尽量做到易操作，有梯度。我们考虑最多的也是一线教师的操作需求，因此在写作上采取了"案例＋点评"的方式。活动案例，在写作上力求呈现真实完整的操作过程，包括罗列一些必备的工具与图表，也希望能够帮助一线教师学会操作。点评环节，由我来完成，写作上希望能统一风格，用比较简短的语言概括出活动背后的相关理念，帮助读者快速理解与内化。但可能正是由于这种考虑，文本呈现时语言的艺术性、理论的深刻性有所欠缺，希望读者见谅，当然也希望读者能够继续阅读"新基础教育"相关的理论书籍，进一步提升认识。

第一章

真需要，真起点

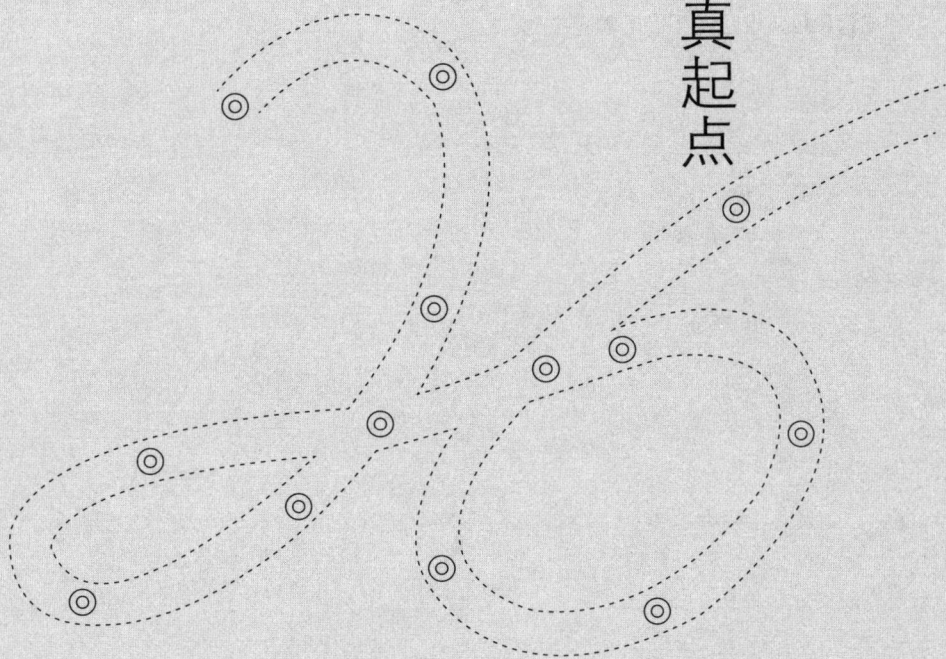

根据学生的成长需要开展班级活动，是班级活动育人的基础。所谓成长需要，是从成长发展的角度认识、体悟当前学生的发展，以及学生当下已经呈现出来的成长可能。"新基础教育"对学生生活及成长需要的关注，是学生工作改革与研究最直接的切入口。一线班主任要摒弃简单、盲目执行学校及上级指定任务的做法，回归班级、回归学生，将上级要求与学生成长需要相结合，选择和设计恰当的班级活动。

　　本章围绕小学生入学、入队、毕业等重大节点，精选了六个不同年级的活动案例，分析了一到六年级学生不同的生理与心理特点，据此提出了不同年段学生的成长角色，设计了相应的教育主题。

我上小学啦！

深圳市光明区玉律小学　王小红

一年级学生普遍存在刚入学时不能适应小学生活的问题……如何使学生适应并喜爱小学生活，顺利实现幼小过渡，是教师与家长需要共同面对的第一个问题。

——李家成，李晓文：《"新基础教育"学生发展与教育指导纲要》，第125 页

2016 年 8 月，学校安排我做一年级班主任兼年级长。一接到任务，我头脑中马上想到一幅熟悉的画面：每年 9 月 1 日，小朋友们背着崭新的书包，在家长的护送下踏入小学的大门，来到班级，再依依不舍地与父母告别，看到陌生的环境，哭哭啼啼的小朋友不在少数……这样的开学活动不是我想要的，在"新基础教育"思想的引领下，我想让一年级的小朋友从踏入校门开始就能感受到新学校的亲切。那么，怎么来实现呢？在学校的支持下，我与一年级组老师们一起策划了甜甜蜜蜜的"我上小学啦！"活动。

寻找糖果班级

来到玉律小学，孩子们都有一个好听的名字：小美玉。让这群小美玉们顺利而有趣地找到班级、认识班级，是我们需要帮助孩子们完成的第一个任务。根据孩子们喜欢吃喜欢玩喜欢挑战的特点，我们大胆设置了第一个寻宝游戏——寻找糖果班级。

8月29日报到当天早上，校园里装饰一新，校门口站满了迎接孩子们的科任老师，广播里轮流播放着歌曲《一年级》《上学歌》《我真的很不错》，气氛很热烈。

校门口的宣传栏上，醒目地张贴着"寻找糖果班级"的活动海报：一年级有5个班，每个班都有专属颜色的糖果脚印，一（1）班红色，一（2）班绿色，一（3）班蓝色，一（4）班黄色，一（5）班紫色……孩子们需要找到自己的班级，并沿着专属脚印独立地找到自己的教室。

小美玉们与爸爸妈妈一起认真地看海报，了解自己被分到哪个班级，认识班级的糖果脚印颜色。好有趣的"寻宝活动"呀！怯生生的孩子一下子就兴奋起来了。

"我是一（3）班的，我们班是蓝色的糖果脚印，我要沿着蓝色的糖果脚印去寻宝——我要找到我的蓝色糖果班级……"

"我是一（2）班……"

于是，爸爸妈妈止步，每一位小美玉便独自背着书包，沿着自己班级颜色的糖果脚印一直往前走，寻找到自己的"糖果班级"。小美玉们太可爱了，脚下每个糖果脚印都要踩到，生怕走错了，漏掉一个都不行。

最后，每一位小美玉都通过自己的努力找到了自己的糖果班级，寻"宝"成功，获得了老师奖励的糖果。吃着甜甜的糖果，大家高兴地笑了，爸爸妈妈再也不用担心小美玉们会哭鼻子啦……

寻找校园宝藏

认识班级以后，学生们的第二个任务是认识校园。与教师带领学生参观不同，我们想到了"大手牵小手"，就是五年级与一年级建立"手拉手"友谊班级，让五年级学生指导一年级学生认识校园，这一想法得到了五年级师生的认同。

9月1日，五年级大哥哥大姐姐们如约来到一年级，和弟弟妹妹们一起开始了"手拉手校园寻宝"活动。寻"宝"前，老师给每一位一年级孩子发了一张"小美玉手拉手寻宝记"盖章卡，告诉他们要找到校园的8个"宝藏点"，即一年级老师办公室、厕所、静园、游乐中心、升旗台、饮水吧、书吧、荣誉墙。每找到一个宝藏点，"小美玉手拉手寻宝记"的盖章卡上就可以盖上一个"大拇指"章，集齐8个"大拇指"章，能获得一枚玉小独有的习得章！

校园寻"宝"开始啦！五年级的大哥哥大姐姐们一对一地牵着小美玉们的手，满是悉心和爱护。哥哥姐姐就像小老师，每到一个地方都讲解得好耐心，好细致，遇到需要动手的地方，还手把手教小美玉们做一做呢！在哥哥姐姐的帮助下，小美玉们知道了进办公室要先敲门，每周一早上会升旗，学会了正确洗手，整理着装，还认识了静园里的小鱼儿、校园里的樱花……

小美玉们顺利地找到了校园的8个"宝藏"点，完成了寻"宝"任务，获得了老师奖励的习得章。捧着精美的习得章，孩子们笑脸如花。"甜蜜蜜，你笑得多甜蜜，好像花儿开在春风里……"

寻找蜜果伙伴

完成了认识班级、认识校园的任务，接下来要做的工作就是认识同学了，结合年级的蜜果文化，我们为这个活动取名为"寻找蜜果伙伴"。

由于大家的共同喜爱，一年级的年级名为"蜜果"，表达了学生对小学生活甜蜜的向往。根据年级文化，各班通过交流，分别形成了具有自己特点的班级小果名：1班草莓、2班青橙、3班樱桃、4班苹果、5班柠檬。

有了"寻找糖果班级"和"寻找校园宝藏"这两个活动的铺设，我们发现孩子们大方自然多了。9月2日，一年级各班老师指导小美玉们用彩纸彩笔描画出自己可爱的班级小果子形象，并在爸爸妈妈的指导下结合小果子做个人名牌，尝试着写一写介绍自己的话，并做成一张精美的海报。老师还鼓励同学们准备自己拿手的节目，亲手做小礼物。

如我们一（3）班的孩子喜欢红红嫩嫩、晶莹剔透的樱桃，有的把脑袋做成樱桃形状，圆滚滚的樱桃小丸子的形象很独特；有的把眼睛做成樱桃形状，闪闪发光，分外有趣；更多的是用樱桃图形来点缀自己的衣服和书包，特别显眼、特别有型。

于是，一场甜蜜蜜的"蜜果娃娃见面会"开始啦！每一个人拿着自己的名牌转向同桌，相互介绍自己。接下来，开展了全班交流会，小美玉们更加主动大胆上台介绍自己，展示海报，表演准备好的节目，由认识同桌到认识更多的同学，最后再相互赠送见面礼，就这样甜蜜蜜的同学情悄悄地发芽了。

评　析

一年级，做神气小学生

看完王老师的活动，心里不禁生出一种甜甜的感觉，这样的小学入学教育，学生喜欢、家长欢迎，教育效果不错。这启发我们思考，除了传统的训练、规范和养成之外，一年级学生教育还可以怎么做？

"新基础教育"认为，一年级学生的发展目标是认同小学生角色，养成基本的学习习惯和生活习惯，形成规则意识，喜欢学习，喜欢学校生活。据此我们提出了一年级学生的教育主题"我是神气小学生"，具体要把握两个关键词：小学生、神气。

小学生

"小学生"角色是一年级学生教育的主要内容，围绕小学生角色认同，主要开展三类活动：

1. 入学教育活动。即利用开学前一周、开学后一个月的时间，让一年级学生尽快适应小学生活，了解小学学习与生活的特点，熟悉小学生活的要求，认识班级教室及厕所等学校设施，熟悉同学、老师，了解升旗、问候等基本的礼仪要求。

2. 学习自理活动。即依据一年级学生的特点，针对性地开展专题教育，积极组织整理书包、整理课桌、整理着装、按时上学、课间休息、认真听课等教育，帮助他们学会安排自己的个人事务。

3. 岗位启蒙活动。这是"新基础教育"学生工作的重要内容，就是在一年级班级中设置多样化的服务小岗位、管理小岗位、学习小岗位等，让学生在其中身体力行地锻炼和体验，为参与组织生活进行启蒙。

神 气

考虑到一年级学生以形象思维为主，想象力比较丰富，喜欢图画和刺激类的游戏活动，因而要采取适合他们特点的形式开展活动，让学生真正神气起来。结合王老师的活动，我们认为应主要从以下方面进行丰富：

1. 活动任务要神秘。要让学生从一开始就感觉到活动任务非同一般，有特别含义，并且有吸引力。王老师设置的三个活动任务——寻找糖果班级、寻找校园宝藏、寻找蜜果伙伴，对于一年级的学生来说具有一定的挑战性，因而更有神秘感，而糖果班级、校园宝藏、蜜果伙伴等新的名词激发了学生们的探索兴趣。

2.活动过程要神奇。活动过程是学生获得体验的重要环节，要开发活动过程的育人价值，就要丰富活动的多样性、交互性以及挑战性，让学生真正参与其中。寻找糖果班级，要求学生沿着不同颜色的脚印去找教室，这是独立探索的过程；"手拉手校园寻宝"则是由五年级大哥哥大姐姐与一年级小学生一起进行，这是合作开展的过程；"蜜果娃娃见面会"，涉及师生认识、生生认识等，这是多元交往的过程，内涵非常丰富。

3.活动评价要激发神气。活动评价关系到学生的活动体验，而学生活动体验的积极与否，关系到后续活动的开展，是一年级学生是否喜欢学校、是否有自豪感的关键，因此要多用正面评价，促使每个学生获得正面体验。王老师使用糖果、奖章、礼物三种奖品，有效调动了孩子们的活动热情。

王老师的活动充满童真童趣，富有教育意义，期待更多一年级有类似的创造。

走起，假日小队

深圳市光明区实验学校　李远城

二年级的小队建设是学生适应学校生活以后进一步发展的需要。

二年级是在组群竞争中培养合作意识和能力的有利时期。这是二年级学生发展的一个重要特点。

——李家成，李晓文：《"新基础教育"学生发展与教育指导纲要》，第146—149 页

二年级上学期，我们"小火星"班采用抽签形式组建了 7 个小队，小队成员自己讨论队名、口号，虽然质朴，但加深了小队成员的合作。寒假过后，情况却似乎不容乐观，学生每天都因为一些鸡毛蒜皮的事来告状，同学之间争吵和打闹不绝，小队有名无实。趁着春天万物复苏，能不能组织一些有益于班级和小队的活动呢？

"春天里可以做什么？"

陈鹤琴先生说过："凡小孩子能够自己做的事情，你千万不要替他代

做。"① 因此，我们把活动策划权交还给了学生，让学生以小队为单位进行策划，围绕"学雷锋"这个关键词设计小队活动。

"老师，什么是雷锋精神？"班上有同学问。我还在犹豫时，有个同学立刻活学活用，引用了语文课本上的一句话，"哪里需要献出爱心，雷锋叔叔就出现在哪里"。我表扬了这个机灵的同学，并解释说"雷锋精神就是甘为人梯，用自己的微薄力量，去为别人服务"。各小队成员若有所思。

"老师，我们小队想去给老人献爱心，行吗？"学生稚嫩而童真的语言触动了我。"行，那你们通过什么方式去关爱老人？"我问。一个学生立刻说："我家附近有个福利院，里面住着许多老人，可以给爷爷奶奶送温暖。"话音刚落，其他队员也纷纷赞同，随即开始商量这个周末去完成小队活动，临时小队长佳琳立刻记下本次小队活动的地点和主题。

"3月12日正好是植树节，我们要不然就去种树，虽然不能马上看见种树的效果，但是有句话说'植树造林，富国富民'嘛。同学们，我们小队活动就定植树吧。"其他成员听后也毫无异议。

"既然3月12日是植树节，植树活动很多人都能想得到，那我们来个与众不同的活动，种花好吗？"临时小队长月婵说道。其他队员也附议："好呀！好呀！种花美化环境，又让人赏心悦目。"学生讨论后，告诉了我和家长他们的活动计划，家长马上在网上下单买了种花工具铲子、锹、水桶和花苗。就这样，你一言，我一语，7个小队都定下了自己的出游计划。

"我们是春天里的小雷锋！"

下面是各个小队的具体活动。

快乐小队——进福利院，关爱老人献爱心

3月11日，在家长提前和公明福利院的工作人员沟通之后，快乐小队

---

① 陈鹤琴. 家庭教育 [M]. 北京：中国青年出版社，2012：213.

的周末活动顺利展开了。据随行的家长反映，学生们到了福利院，见到一大群陌生的爷爷奶奶开始时手足无措，有些害羞，只是口头礼貌性地打了称呼。但是在工作人员的陪同和介绍下，尴尬的气氛有所缓和，学生在大厅里大方地自我介绍，并且给在座的爷爷奶奶唱了一首歌，随后他们拿出事先精心挑选的水果送给在场的老人。孩子们参观了福利院，看到地上有许多落叶和散落的垃圾纸屑就开始自发打扫院子，有的捡落叶，有的扫落叶，干得不亦乐乎。有些学生在家里很少做家务，平时也没有劳动的机会，今天在别的小朋友的带动下，也会主动献水果、扫垃圾了，这让家长们很惊讶，纷纷表示要多带他们出来锻炼实践。

优秀小队——走进广场，洁净光明

优秀小队的方案也出来了，即周末去公明广场，铲各种小广告。

活动开展前，家长们帮助孩子准备好各种用具。公明广场的小广告真多，有的粘在地上，有的贴在墙上、柱子上。于是小队成员拿出备好的铲子、水壶、扫把，撸起袖子说干就干，虽然活又脏又累，但是大家热情高涨。路上行人看到这群"红领巾们"，也不禁竖起大拇指，学生们心里可高兴了，越干越起劲，丝毫没有害羞，而且有意思的是，还吸引了一位小朋友的加入，他也蹲下来和大家一起用自己的小手去保护环境。

活动结束后，家长向我反馈，别看孩子们平时娇生惯养的，真正做起事来还挺有主见！

阳光小队——走进图书馆，当好管理员

阳光小队的任务是去图书馆整理图书，周六他们齐聚新区图书馆，开启了小队活动之旅。

来到图书馆，在工作人员的指导下，学生在儿童阅读区爬上爬下，按照书本的大小和条形码将书有条不紊地摆放好。回来以后，临时小队长曾悦还写了一篇临时管理员心得，文中谈到图书整理员工作的不易，倡议读者文明借阅图书。曾悦妈妈表示，日后尽量让他去图书馆当志愿者，既可培养他阅读的兴趣，又可以管理图书，提醒读者爱护书籍，一举两得，很有意义。

其他小队也按照原来的计划，纷纷走进公园植树、种花，走进社区打扫卫生、整理自行车。

"五一出游接着来······"

活动结束后，我们专门组织了一次展示课，展示课上，各小队分享了记录活动过程的照片、视频，甚至还创作表演了一些有关活动的小节目，让大家更加了解了各自小队的工作。

阳光小队自信大方地向我们介绍图书整理的方法，并现场整理图书角，整个过程干脆利索。快乐小队成员带来了《敬老拍手歌》，表达了他们对老人真挚的爱。光明小队带来了《植树三字歌》，呼吁大家保护环境，爱护树木，收获了同学们的赞许。优秀小队荣获最佳小队，他们表演了改编歌曲《嘻唰唰》，设计安排了歌舞动作，让人眼前一亮。

展示课后，学生们的热情更加高涨，纷纷表示还要开展类似活动，于是我因势利导，利用五一劳动节的契机，在2017年4月29日到5月7日，组织各小队开展以劳作为主题的假日小队活动。因为有了上次的基础，所以这次我对同学们提出了更高的策划要求，即先确定主题，再制订方案，方案内容包括：主题、时间、地点、参加人员、具体分工、必要的活动设备、家长的联系方式。

小队名称	活动主题	学生要求	家长要求
快乐小队	爱劳动，享美食	写策划书，买菜、洗菜、择菜、做菜，学唱歌曲《今天我做饭》	提供活动场所、带小孩逛菜市场
优秀小队	我服务，我快乐	写策划书，做服务员，表演小品《小小服务员》	提供活动场所

小队名称	活动主题	学生要求	家长要求
阳光小队	浇花草，美农场	写策划书，浇花拔草，学唱《劳动三字歌》	提前联系光明农场
光明小队	迎五一，巧手秀	写策划书，学折纸，能够现场折纸	提供活动场所，准备折纸材料
星星小队	进工厂，学包装	写策划书，体验自拍杆包装、现场展示包装过程	提供活动场地
大豆小队	庆五一，DIY蛋糕	写策划书，做蛋糕，现场表演蛋糕雕花	提前联系蛋糕店
彩虹小队	烘焙师，做饼干	写策划书，做饼干，现场分享饼干	提前联系烘焙坊

五一劳作活动也取得了相当好的效果，特别是一些家长自愿让孩子到他们工作的地点去体验，比如宇祺的家长让孩子到肠粉店当服务员，润哲的家长让孩子体验流水线上工人的工作。在活动过程中，孩子们体验了父母工作的繁忙，家长也看到了孩子在活动中的真实成长和历练，相互加深了亲子之间的理解。

评 析

二年级，做合作小队员

"新基础教育"认为，二年级是在群组竞争中培养合作意识和能力的有利时期，要让学生经历和体验小队间的竞争与合作，使学生在小队集体中感受到竞争的快乐，使其合作意识和合作能力都得到发展。结合李老师的活动，我们对二年级的学生教育提出了鲜明的教育主题——做合作小队员。

小队员

小队建设是二年级学生工作的主要任务，为此要重点开展三类主题活动。

1. 小队组建活动。包括小队组员的加入、小队长的产生、小队队名的产生与筛选、小队队徽队号等的产生与优化。这些活动绝不能由老师或少数人说了算，要求全员参加。

2. 小队岗位组活动。就是指小队承担岗位组的活动，由原来个人承担的小岗位工作转向以小队为单位承担岗位组工作，这是班级管理事务的合理分担，更是小队成员进行深度合作的具体要求。

3. 小队主题活动。是指以小队为单位，在校内外开展的各种以团结互助为主题的集体活动，要求集体策划、集体组织、集体参与、集体总结与分享，以此促成小队之间及内部的合作。

合　作

合作是二年级学生教育的重点主题，在具体活动组织开展过程中，要充分体现和贯穿合作互助的特色。

1. 合作型任务。与一年级相比，二年级学生的活动任务应更具有团队完成的特点，绝不是单人单一的任务。李老师设计的活动，都是小队共同参与并完成的，需要各小队从主题选择、方案策划、过程组织、分享展示等环节进行合作商讨，共同呈现。在这个过程中，成员对合作互助有了切身的体验，相信会比传统的说教更接近学生发展的特点。

2. 团队性评价。一年级学生活动侧重于对活动中个体的评价，二年级学生活动同样会重视个体的表现性评价，但更侧重于小队的表现，包括小队的整体合作程度、效果达成程度、成果展示形式与效果。李老师强调展示与总结环节，每次展示以小组为单位，这要求学生们在活动中要共同行动，还需要对活动成果的呈现形式、编排进行集中讨论与训练，以保证团队合作的质量。

3. 系列性延续。团队合作关系到孩子的内在品质，并不是一两次活动就能达成目标的，需要贯穿到整个二年级活动，甚至要延伸到以后的学习生活。因此，活动需要往系列性上考虑，并体现层层递进、不断发展。李老师设计的活动其实也是一个系列，从层次上看，相比3月份的公益服务，5月份的职业劳动体验任务不单有延续性，而且任务的难度越来越高，开放程度越来越大，对学生的挑战也更为复杂，促进和调动了学生参与的积极性和主动性，形成了很好的连续教育的效果。

新年 party 我当家

深圳市光明区长圳学校　黄莹

三年级学生特别喜欢自我表现，要让自己显得聪明。

——李家成，李晓文:《"新基础教育"学生发展与教育指导纲要》，第170页

我们学校有一个传统，每年的 12 月 31 日下午不正式上课，放手让各班组织新年 party，希望孩子们在一片欢声笑语中辞旧迎新。"理想很丰满，效果很骨感"，通过现场访问我发现，我班孩子普遍认为这个节日玩得不够尽兴，原因如下:很多游戏都是玩过好几次的，没有新鲜感;表演节目花费的时间太多，玩的时间太少;只是班上的同学参加，如果科任教师、家长、其他班的同学一起参与会更好……可以看出，让孩子们自己去策划才能符合大众的意愿。于是我决定把三年级的新年 party 放手给孩子们。

策划动员会

我告诉孩子们:"我们是全校第一个可以自己策划新年 party 的班级，如果这次活动可以成功开展，将会给其他班级作好榜样，这是我们展现班级

实力的大好机会，也是我们争取班级荣誉的一大良机。积极参与到这项活动中，既可以根据自己的想法来安排新年 party，又可以为班集体服务、争光，这一举两得的事情，你们愿意做吗？"孩子们齐刷刷喊道："愿意！"于是我顺势提出活动"招标"的想法。

学生参与热情非常高涨，但缺乏工作策略和方法，所以特别需要教师的介入和指导。因为孩子们是第一次听说"招标"这一比较成人化的概念，所以我特别细心地为他们讲解：本次招标的内容是新年 party 的活动策划，有兴趣参与的学生可以自由组合或者独立撰写一份简易的投标书，投标书的内容包括：活动名称、设计意图、活动过程、后勤安排、补充。我还特别提示孩子们：可以通过上网收集资料、咨询父母等方式完善自己的投标书。

第二天，收集上来的投标书有 30 多份，由于学生正处于形象思维向抽象思维转变的发展阶段，大部分投标书是一些比较简略、支离破碎的想法。经过我的整理，孩子们的想法大致可以分为三类——文艺演出、美食分享、游戏娱乐，于是我确定了三位核心干部为主要负责人，让他们各邀请 5 个志同道合的同学加入到团队中，利用一天的时间，根据我给出的投标书模板整理出一份完整、全面、有创意和可操作的投标书。各小组成员确定后，一起为自己的"投标公司"取了名字，并作了人员安排，而后利用课间时间和第二课堂进行了深入的讨论，最后经过我的指导与审核，三份投标书的内容基本确定。

招标听证会

有了小队内部的联系，还要加强小队间的合作与交流，更要扩大到全班之间的互动讨论。我决定让学生自行选出合适的活动方案，并进行修改。这一天，三个"投标公司"的项目组负责人分别上台展示自己的标书。

"美味佳肴有限公司"策划了"欢乐美食嘉年华"，他们希望通过自助餐、"黄老师变身黄厨师"、"爸爸妈妈教我做饭"三个环节，让班上这些"小吃货"在大饱口福的同时学习怎么做菜。该公司还对后勤工作作了十分细致的安排，如需要准备的物品、如何摆放桌椅、如何分工打扫卫生、如何采取紧急措施等。

"梦想起点有限公司"策划了"三三好节目——放飞梦想"。他们认为班上的同学有很多特长，这个节日应该给同学们一次展现自我的机会。他们参考了《中国好声音》和《中国达人秀》来设计这次活动：邀请全班同学推选5个同学做节目的评委，同学们表演的节目可以是唱歌、跳舞、小品、讲故事、讲笑话等。表演过后，如有3个以上评委举起"通过"牌，该同学就可以获得奖品。

"创意少年有限公司"策划了"迷你游园会"。他们认为学校的游园会时间短，场地大，玩得不够尽兴。我们班级比较小，游戏可以让同学们选择自己喜欢的，这样就可以玩得尽兴。这个公司的方案十分有条理，对游戏时间和兑奖时间都作了规定，还给大家详细介绍了几个游戏的玩法和规则，并且听取了同学们提出的建议，现场进行修改。

每个"投标公司"宣讲完毕后，大家针对三份投标书所涉及的安全问题、时间问题等进行了大胆的质疑，三家公司都积极作了回答并详细记录。专家组成员认为，"美味佳肴有限公司"的投标书十分有创意，让同学们在学习做菜的同时拉近了与老师和父母的距离，学会帮助父母做力所能及的事情；"梦想起点有限公司"结合电视节目进行设计很有创意，但是如何活跃现场气氛还需要思考一下；"创意少年有限公司"对学校的活动进行模仿和超越，内容很丰富，操作起来也比较简单。每个公司的方案都具有可圈可点的地方，在座的同学都给予了他们赞美的掌声。

紧张时刻来临，全班同学一人一票进行现场投票。最终"欢乐美食嘉年华"投标书中标，大部分学生得偿所愿，现场欢呼声一片。当然，本次活动的目的并非是评选最优秀的小组，而是希望通过孩子们的群策群力制订出本次新年 party 的最佳方案。于是我提出了进一步的要求：希望"中标公司"能够广纳贤士，邀请更多优秀的人加入壮大自己的团队，根据修改后的标书组织好本届新年 party。

超级美食会

招标听证会结束后，以"美味佳肴有限公司"为主，大家一起探讨、辩论、修改，确立了最终方案。考虑到时间有限，大家决定把各小组的方案进行压缩，将三个标书的金点子融合到一起开展一个集吃喝玩乐、才艺欣赏于一体的超级美食会。

按照方案，"美味佳肴有限公司"的宣传部长在当天就组织同学对教室进行了布置，张贴海报窗花，悬挂气球彩带，摆好桌椅、碗碟、汽水。组织部长则事先根据"梦想起点有限公司"帮忙统计的节目单下载歌曲，写好主持稿，安排好主持人。策划部长联系"创意少年有限公司"的成员，准备好游戏工具和相关人员。项目经理和副经理收集同学们在家烹饪的照片，联系好参与活动的家长。

活动当天，前 30 分钟孩子们载歌载舞，分享零食，意犹未尽。接下来的 30 分钟游戏环节，"创意少年有限公司"特意选择了参与面比较广的"一二三木头人""抢凳子""成语接龙"等游戏，教室里充满欢声笑语和紧张刺激的气氛。重头戏"佳肴分享会"来了！各位"小厨师"上台介绍菜式，分享做法，邀请同学品尝，小记者进行现场采访。"这反沙芋头色香味俱全，真的是你做的吗？""鸡腿菇炒肉片卖相不错，就是有点咸了。""这炒三丝那么细，是用什么工具切的？""这番茄炒蛋比我妈妈做的还要好吃，我给你五颗星！"孩子们像一个个专业的美食家一样，仔细品尝，毫不犹豫地将赞扬送给各位大胆尝试做菜的"小厨师"。

总结分享会

本次活动打破了小队间的隔绝状态，借助班委的作用促进了小队间的合作，从而达到全班同学共同组织一次班级活动的目的。如果这次活动没有得到及时的梳理和反馈，那么育人价值便会大打折扣，也不利于下一次活动的开展。于是，元旦放假回来，当孩子们依旧沉浸在新年 party 的欢乐回忆中时，我抓住时机对本次活动进行了总结。

首先是回顾，我对孩子们说："这次的节日由大家自己策划、自己组织，有什么不一样的感觉吗？想要感谢谁吗？有什么遗憾吗？"孩子们都表示这是一次最难忘的新年 party，要特别感谢三个公司的同学和参加帮忙的同学。提到遗憾，大部分学生都说时间不够，还是不够尽兴，我顺势与孩子们达成了约定，每年的 3 月 3 日定为我们的班级节日，由同学们自己安排有意义的活动，以后的新年 party 也由同学们自己做主。

其次是表彰，本次表彰覆盖面比较广，有个人奖项也有集体奖项，有注重结果的奖项也有肯定过程的奖项，有普遍的奖项也有创意的奖项，比如"最佳组织部门""最投入个人""小小策划家"……"美味佳肴有限公司"的经理虽然得到了表彰，但他在获奖感言中提到自己也有很多做得不好的地方，比如安排的纪律管理员不负责任，导致现场有些吵闹，乱扔垃圾现象也比较严重。可见，通过实践自主意识强烈的孩子也意识到了自我管理的能力不足，班级同学在责任感、诚信等方面还存在一些问题。

最后是延伸，以本次活动为出发点，延伸到以后班级建设的方方面面。我与孩子们决定，从今天开始"我的班级我做主"，在以后的班级生活中，无论是班干部选举、班级文化建设还是班级活动策划都由学生自己做主。

评 析

三年级，做聪明小主人

三年级是学生发展变化的重要时期，相比一、二年级，三年级学生在两个方面有重要的变化：一是认知水平的提高，三年级学生处于形象思维向抽象思维转变的发展阶段；二是自我意识的觉醒，此阶段的学生特别爱表现自己，自我建构的动机增强，希望给同学和师长留下好印象，这种形象已经带有学生个性的特征。因此，结合"新基础教育"，我们把三年级学生的教育主题确定为"做聪明小主人"。

小主人

小主人包括两个层面。一是做个人事务的小主人，三年级学生应该知道自己是学习与生活的主人，有能力面对和挑战学习中的困难，尤其是在深圳，三年级学习的任务越来越多，学习科目明显增加，例如信息技术、综合实践、科学等学科开始列入课表。另外是学习难度明显加大，语文学科增加了对作文的考核，数学学科对计算能力提出了更高的要求，英语学科开始要求英语书写。一部分学生成绩发生分化，这要求三年级学生要主动提高自主学习意识。

二是做班级事务的小主人。三年级学生的集体意识明显增强，他们逐渐渴望得到同伴的认可，希望在团队中发挥作用，这就要求教师因势利导，引导他们积极为班级事务出谋划策，既要丰富和健全班级管理组织，又要开展班级管理岗位的竞争，组织"班干部我来选""班干部轮换"等活动。

聪　明

聪明应该成为三年级学生班级活动的关键词，黄莹老师活动的实质是鼓励学生自主承担班级事务，活动过程中很好地体现了聪明性，促进了学生发展。

1.提出挑战性要求，唤醒变聪明的动机。黄老师在活动之初提出自己班级是全校第一个可以自主策划新年 party 的班级，这既有激励性，又更具挑战性，也是激发学生参与积极性的最重要因素。自主策划涉及学生整体思维能力，不但要考虑活动名称、设计意图，还要考虑后续安排，是很不容易的，但恰恰是不容易才激发了学生聪明参与的动机。

2.进行针对性指导，丰富变聪明的策略。面对综合性的复杂任务，学生表现出退缩、受挫是很正常的，但这恰恰是老师的教育力量所在，黄老师在这一活动中的两次指导可谓十分得当，恰到好处。首先是指导个人方案转向小组方案，个人方案有30多份，但大多比较简略，支离破碎，黄老师却敏锐地看到这些方案的大致分类：文艺演出、美食分享、游戏娱乐，因而建议以这些方向为核心，让学生们一下子打开了思路，使方案开始初具雏形。其次，指导小组方案转向全班方案，虽然选出了初步方案，但依然十分粗糙，于是黄老师非常智慧地再次下放，组织大家探讨辩论修改，最终形成了更详细、更可行、更具全员性的方案，让方案得到了进一步完善。

3.组织具体性评价，强化变聪明的体验。黄老师特别重视学生对活动的评价，通过活动过程中的及时点赞、活动结束后的总结大会引导学生回顾本次活动中每一个环节的情况，梳理做得好的地方，突出正面评价，让学生获得成功的积极体验。同时及时表彰活动中表现突出的个人、部门，除了颁发奖状和奖品，更重要的是说明获奖原因，具体鼓励学生进步，并鼓励学生延伸到以后班级建设的方方面面，效果很好。

亲子"变形记"

深圳市光明区红花山小学　丁文燕

四年级学生情感开始向深刻、细腻发展，这一特点是促使他们理解父母养育之情最为有利的内在基础。所以，小学的感恩教育在四年级开始容易唤起学生情感上的共鸣，增加他们对父母爱子之良苦用心的体验。

——李家成，李晓文：《"新基础教育"学生发展与教育指导纲要》，第206页

我跟四（7）班的学生相处了一个多学期，不少家长找我倾诉：孩子没有以前听话，很难管教，家校教育难以形成合力……我很疑惑："送鲜花送卡片""为爸妈做一件事"这样的感恩教育做了不少，效果却不是很好，是不是要改改以往蜻蜓点水式的说教呢？

于是，我想带领他们开展一次扎实的亲子活动，让他们理解、体贴父母。

"变形记"小序曲

5月28日，班里组织了一次素材型班会课，大家观看了视频《来一斤母爱》，很多孩子感动得哭了，一时激情澎湃，畅所欲言："父母为我们做

了很多事，很感动！""我们要帮父母多干活！""父母早出晚归，工作很辛苦！"……视频已经激发了学生"想为父母做点什么"的强大动力，可说理教育远远没有实践教育的长效性，我趁机问："我们可以怎么做？"有的说为爸妈做一次饭，有的说洗碗，有的说帮忙做生意收钱……大家的想法很多很零碎，我灵机一动，说要做干脆就做一天吧，来个角色转换，真正地体验父母的一天生活！大家听了建议很兴奋，做一天爸妈，多有趣！

课间，我们一起制订"变形记"方案的表格，然后每个人根据时间节点详细地回忆父母周末的工作、生活，做自己的"变形记"计划，当天晚上与家长根据实际情况再完善计划方案。

活动的真正开展离不开家长的支持，于是在 29 日，我和学生一起准备给家长的倡议书，告知家长活动的意义，请家长阅读并填写回执。我又利用网络发信息给家长们，并在家长 QQ 群跟他们讨论此次活动，家长们纷纷赞同这样的实践活动，并表示将大力支持。30 日早上 9 点，我再发校讯通："请家长用手机给孩子们拍照或拍摄视频，记录这有意义的一天吧！"至此，"变形记"活动正式开始！

"变形记"进行中

除了 3 个学生因生病无法参与，参加的同学热情高涨，46 个鲜活的生活照片文件夹、9 个 PPT 文件、7 段视频，记录着孩子们一天做"爸爸"或"妈妈"的各种辛劳、各种好玩的事、各种成就感……

这一天，有的学生构思好爸妈平时做的简单菜式，去菜市场挑选新鲜的青菜、肉等食材，或跟老板讨价还价，或货比三家，然后用幼小的双手拎回家，洗菜切菜做菜，一天三顿。其中有煎得有点黑的荷包蛋、煮得有点糊的青菜面条、包的露馅的饺子、做的超级咸的番茄汤……饭后洗碗、拖地、洗晾衣服、收拾房间……学生个个忙得满头大汗，晚上直呼腰酸背痛！

这一天，除了做家务，也有人要兼带照顾弟弟妹妹，哄他（她）吃饭喝水，帮他（她）换洗脏衣服，带（她）他上卫生间，想破脑袋陪他（她）玩各种游戏，甚至带他（她）参加社区跳蚤市场，晚上帮他（她）洗澡，给他（她）读故事，哄睡……看着照片中学生或无奈又气愤地盯着弟弟妹妹吃饭，或笨拙地帮弟弟妹妹换裤子，或抱着弟弟妹妹玩耍大笑，或手中拿着书歪着头跟弟弟妹妹睡在一起……想起之前有学生跟我哭诉妈妈偏心的事情，我情不自禁地微笑起来。

这一天，更是有人体验了爸爸妈妈的职业世界。周六瘦小的小俊去了妈妈上班的农科大观园，戴着大草帽，剪除杂草、拉大水管浇果树、扫落叶、推垃圾车……他觉得妈妈很辛苦，周日又继续去帮妈妈干活。戴着眼镜的小洪去了爸爸上班的晨光牛奶公司，他的爸爸是牛奶检验员，每天面对各种繁杂的数据和样品，还有各种看起来神秘莫测的检验工具，他左看看右摸摸，体验了做数据模型，还尝试测了牛奶的 PH 值，他发出感叹：工作是需要知识和技术的，爸爸真厉害！小发的妈妈是开鞋店的，他当天提水擦柜台、拖地、摆鞋、给客人试鞋、跑仓库拿鞋……忙得汗水直流！

这一天，也有学生因为各种原因只做了一件或两件事，浅尝辄止地体验了父母的生活。

收集上来的变形记记录单、家长评价表，绝大多数都写得满满的，小慧的妈妈说："孩子独立完成自己力所能及的事情，能激励她更加努力学习，这次活动还能让孩子对社会有初步的了解，为孩子成长之路打好基础。"小雨的爸爸说："变形记让孩子了解了父母的辛劳，对孩子来说是个很好的学习过程，希望学校以后也能这样重视孩子学习以外的体验。"

6 月 2 日，我根据学生的活动情况把所有学生初步分成四个小组：家务组、照顾弟弟妹妹组、体验工作组、浅度体验组。小组之间互相分享讨论自己的"变形记"生活，对即将要汇报的内容进行整合，利用各自精彩的照片一起完成汇报用的 PPT，商讨汇报的内容。

"变形记"分享会

6月4日，我们组织了总结分享会，通过师生互动、生生互动，对本次活动的育人价值进行提炼。班长带领大家先回顾整个活动的前期准备，然后四个小组分别派代表进行汇报。（见下表）

	小组代表汇报	全班同学补充、提问
家务组	"早上准备早餐，打鸡蛋、切腊肠，火有点大，油都喷出来了，我吓得往后一跳，好不容易把鸡蛋面做出来了。家里的衣服很多，叠衣服，分类，放进柜子；接着，开始扫地……晚上洗完碗，我终于可以休息了。一天，我已经累趴下了，明天，终于可以做回我自己了！"	1. 买菜要会跟老板沟通； 美食要有技巧； 衣服折叠分类好办法； 洗碗不油腻有技术； …… 2. 家务活多、累； 做好家务活不简单。
照顾弟弟妹妹组	"我们照顾弟弟妹妹组的，十八般武艺都要亮出来，看，早上帮他洗脸、喂饭、喂水……一不注意弟弟又尿湿了裤子……今天很累，但看到弟弟妹妹的笑容，很开心。"	1. 照顾一个小孩真心不容易。 2. 还觉得妈妈偏心了吗？
体验工作组	"忙完了一天的家务活，我累得腰酸背痛，晚上，爸爸上夜班，我跟着去，爸爸是质检员，在晨光牛奶上班。这是牛奶结果记录本，这是测糖度的……一天下来，我感受到父母的艰辛。他们不仅要为生活奔波忙碌，还要为我的学习、生活、身体操心。另外，别看我介绍得头头是道，其实这些仪器作用都是爸爸告诉我的，我很多都不懂，我现在终于明白父母严格要求我学习的苦心。我也深感了知识的重要！"	1. 工作的世界有的很奇妙，但很费脑，有的很辛苦，很劳累，有的要跟各种人沟通。 2. 一天上班下来，还不如学校好玩。 3. 学好本领，才能找到好工作。
浅度体验组	"只做了一道菜；只是拖地、只是洗碗……"	1. 虽然少，但做得很认真。 2. 看了大家丰富多彩的变形记生活，真有趣，以后也试一下。

各个小组分享后，我挑了几段家长评价视频播放给他们看，家长们很喜欢这个活动，觉得孩子们在周六的"变形"中表现优秀，非常棒，希望孩子们把这些优良品质保持下来，让自己成长得越来越好。从孩子频频点头的动作中，我深切地感受到他们对父母有了新的认识。

"变形记"有续集

"变形记"活动虽然已经告一段落，但通过对部分孩子和家长的追踪，我发现学生们的精彩还在继续：

续集一：孩子与家长有意识地固化这些行为，家庭生活状态在悄然变化着。7月份，我们班开始倡导长期做一件家务，学生们还做了表格，记录每天是否都能坚持下来。9月开学，坚持下来的孩子被评为"最有毅力之星"。

续集二：以这次活动为平台，积累了宝贵的家长资源，家长与老师更亲近。家长们更主动地与老师交流，会提出请老师协助改善孩子行为的要求。家长之间也更亲密了，部分家庭组织在一起，周末一起爬山、骑行、烧烤……

我们把这次活动的经验总结下来，在全年级其他6个班也尝试推广，获得了好评，甚至班里还有学生作为嘉宾被邀请到其他班级的班会上。

评　析

四年级，做热情好少年

四年级是学生发展变化的关键节点，由儿童转为了少年。相比三年级学生，他们的身心有了明显变化，在身体方面，孩子的体型明显变大，发育比较明显；在心理方面，自我意识普遍觉醒，偏重对自己喜欢的事物进行分析，开始关注同伴关系。结合"新基础教育"的相关理论，我们把四年级学生教育的主题定为"做热情好少年"。

少　年

变为少年的成长感，应该是四年级学生教育的重点内容。要开展以成长为主题的学生活动。

1. 成长意识类活动。要唤醒孩子的成长意识，要让孩子知道自己已经长大，建议开展"我的成长足迹"活动，让学生回顾自己 10 年来成长的痕迹，在对比中发现自我的成长，也可开展帮扶幼小同学的活动，在帮助弱小者中体会自己的成长。

2. 成长能力类活动。要不断增强和锻炼学生的各种能力，可以开展家庭事务能力提升的活动，如"亲子变形记"等，也可组织班级事务能力提升活动，如"班级我当家活动"，不断提升学生的学习与生活能力。

3. 成长仪式类活动。10 岁是四年级学生成长发展的重要节点，要放大这个成长节点的教育价值，通过组织特定的"10 岁成长礼"，让学生强化自己的成长体验。要把成长礼活动做成一个系列，围绕学习中的成长、班级中的成长、家庭中的成长等组织相关实践活动。

情　感

在活动策略方面要充分发挥情感的力量。四年级学生的一个重要特点是情感的丰富性，这既是四年级学生的教育目的，也是教育手段。

1. 通过巧妙引导，充分调动情绪。在活动之初，丁老师用极富冲击性的视频素材《来一斤母爱》很好地调动了所有孩子的情绪，尤其是对父母的感恩与愧疚之情，为接下来的活动起到了很好的铺垫作用。

2. 通过真实活动，丰富情感体验。丁老师在亲子变形记中，一方面挖掘亲子角色互换的多种途径，包括家务劳动、职业体验、孩子照料等，为孩子参与活动创造了条件。另一方面，班主任通过与家长的充分沟通，促使家长对孩子的体验活动进行督促与协助，促进孩子深度参与，丰富了他们的情感体验。

3.通过有效小结，提升成长情怀。丁老师非常重视对学生活动的总结与提炼，一方面组织学生与家长在个体层面进行反思，包括撰写活动反思和记录，另一方面组织学生集体层面的反思交流与分享，大家分别从家务劳动、职业体验、弟弟妹妹照料、浅度体验等四个组别进行分享，学生理解了父母工作与生活的不易，懂得了学习的重要性，表达了继续参与类似活动的愿望，更表达了自己要承担相应责任的成长情怀。

总之，对四年级学生的主题教育要以成长为主线，以情感为策略，这对促进学生成长感的获得很有意义。

温暖过冬至

深圳市光明区玉律小学 徐苗佳

他们（五年级）渴望丰富多彩的生活和多维的人际交往，关注社会信息，兴趣越来越转向社会。

——李家成，李晓文：《"新基础教育"学生发展与教育指导纲要》，第220页

从四年级开始，围绕着"财经素养"的主题，我们班开展了"我会挣钱啦"系列活动，比如废品回收、跳蚤市场、爱心市场等，在自主策划和组织中，他们解决问题、合作交往等多方面的能力得到了一定程度的提升。在此基础上，我们还开展了"爱心捐款"活动，把两次义卖活动中挣到的钱捐给了社区"爱心基金会"。活动中，学生开始懂得了金钱的意义不只在于满足自己的需求，还可以用它来做有意义的事情。

五年级来了，如何在新的时期不断创新活动内容与形式，对我与学生们都提出了新的挑战。

一个小冲突

11月份，学校举行了运动会，在"赚钱俱乐部"的策划下，我们组建环保小队，开展了收集废瓶子的活动。在运动会期间，孩子们两个人为一组出去收集同学们喝完饮料的空瓶子，两天的时间里，收集的空瓶子卖了16.5元，但在此期间，因为捡瓶子，环保小队的同学和学校里的保洁阿姨发生了一些小插曲，闹了一些小矛盾，当时跟阿姨差点吵了起来。阿姨还来跟老师告状，说没有得到她们的同意，同学们把瓶子都捡走了，增加了她们的劳动，影响了她们的收入。

为此，我们专门召开了班会进行讨论，大家畅所欲言，说出自己的想法。有些孩子愤愤不平，说阿姨们太小气，太抠门。也有孩子比较理性地提出，我们要爱护环境，不要给清洁工阿姨增加工作量。清洁工阿姨本身收入低，捡瓶子是她们重要的收入来源。更有孩子说，学校里的清洁工阿姨们平时都是默默无闻地工作，每天无论是上课还是下课，总是能看到她们在默默地打扫卫生，她们为我们付出了很多，却很少有人关心她们。这些话，激发了孩子们内心的善良。因为冬至在深圳有吃汤圆的习俗，于是同学们提出，能不能在即将到来的冬至这一天为清洁工阿姨送上汤圆，表达对她们的关心和尊重。

听孩子们讨论到这里，我心里很开心，孩子们主动自觉的行为让我觉得他们长大了，开始学会关心别人，有了更大的担当。同时我更知道这次活动对孩子们的成长也是一次非常难得的机会，它意味着孩子们需要了解一类非常熟悉的陌生人，他们认真倾听阿姨们的心声，了解她们平时的生活，从另外一个角度认识她们，这个过程能丰富孩子们的情感体验，让他们对自己平时的行为作出反思，并对接下来自己在卫生方面的行为作出规划。这一过程，有极其丰富的育人价值。

用自己的行动给身边的人带来关怀，这个想法很快就得到了大家的认同，但是问题也随之出现——开展活动的经费从哪里来？之前开展跳蚤市场和爱心市场活动中赚的钱都捐给了玉律社区"爱心基金会"，现在班级已经没有经费了，送汤圆的经费从何而来？

一次热义卖

当时班里兴起了一阵编手绳的热潮，于是有人提出可以编织手绳来卖，成本不高，而且也不难。手工义卖，这是一个新的活动形式，用自己亲手做的手工来筹集经费也表现了孩子们的诚意。这个想法得到了大家的肯定，于是孩子们开始策划起手工义卖活动。

他们先去小卖部买来了手绳，由会编的同学教会其他同学。一开始班上只有几个女生会编，很快班上很多人都会编了，甚至连男生也不例外。他们利用课间时间和放学时间编织各种手绳，花样越来越多，我不禁要为孩子们的创意点个赞！除了手绳，还有人从家里带来了颜色非常漂亮的布条，用布条编起了手工花。短短两天的时间里，他们一共做了55条精美的手链，以及一些用彩带编成的手工花。

一切东西准备妥当，接下来就是准备开展手工义卖啦！有了跳蚤市场和爱心市场的经验，开展手工义卖对孩子们来说一点都不难。前期，他们利用课间时间到各班进行宣传。孩子们拿着做好的手链、手工花走进各个班级，吸引了很多同学，义卖活动还没开始就已经有人来订货了。孩子们很开心，对手工义卖活动也充满了信心。

一切准备就绪，12月11日中午手工义卖活动火热开锣！孩子们分为宣传组、销售组、秩序维护组、后勤组，在相互配合下，活动开展得井然有序，小顾客们排着队挑选他们喜欢的手工品。出乎孩子们的意料，这批手工品特别受欢迎，不到20分钟的时间就被同学们抢购一空！甚至还有人要向孩子们继续订货呢。

整个手工义卖中，孩子们通过自己的劳动赚到了201元，这些钱足够给阿姨们买汤圆啦！

一碗甜汤圆

现在有了经费，给阿姨们送汤圆并不难，可是是去买汤圆，还是自己包汤圆呢？孩子们在这个问题上产生了分歧。男同学大多希望买现成的汤圆，而女同学则希望现场制作汤圆，大家争执不下。我也发表了自己的意见："买汤圆来煮很简单，但如果是自己包汤圆则更有意义。一方面能学习如何包汤圆，另一方面亲手包的汤圆也更能表现你们的诚意。"我的意见得到了大家的认同，于是我们决定自己包汤圆送给清洁工阿姨们，并邀请家委会家长来教大家包。

孩子们又开始忙碌起来，他们制作了精美的邀请函，邀请清洁工阿姨来参加"温暖冬至"活动，又联系了家委会的家长，在家长们的带领下亲自到市场购买原材料。

活动当天，孩子们早早就来到了学校做准备。第一次包汤圆，孩子们个个都感到很新鲜。在家长们的指导下，他们包得有模有样。包好了汤圆，他们就把清洁工阿姨们邀请到"温暖冬至"的活动现场，趁着煮汤圆的间隙，还给阿姨们准备了吉他演奏和舞蹈表演，现场掌声迭起。

最后，当他们给阿姨们送上一碗碗亲手做好的热腾腾的汤圆时，阿姨们笑得合不拢嘴，孩子们在和阿姨们一起吃汤圆的时候，还热情地和她们聊天，了解她们的生活。最后，在采访阿姨们的时候，有一位阿姨甚至感动得当场流下了泪水。

活动结束后，我们又召开了一次主题班队会，让孩子们说说活动的感受。孩子们的感触很深，有人说："今天是第一次和阿姨面对面交流，我才知道她们的工作时间那么长，真是辛苦。"有人说："阿姨们工作那么辛苦，我们以后要讲卫生，不要乱丢垃圾给她们增加负担。"

一张新名片

后来，我们将自己的班级重新命名为"萤火虫中队"，定位为"照亮自己，温暖别人"，继续践行公益和爱心。

我们在体育节上设置"能量补给站"，为运动员免费提供葡萄糖水；我们组织了爱心募捐，呼吁全校师生帮助校外患病的同学；我们甚至还成立了公益基金，希望能帮助更多的人。

评 析

五年级，做阳光志愿者

五年级学生认知的特点是逻辑思维能力有了明显提高，自我概念趋于稳定，情感上不像四年级那样容易波动和起伏，开始关注社会信息，兴趣越来越转向社会，对流行文化越来越关注。据此，我们判断五年级学生交往的能力更加强烈，交往意识更加凸显，更加注重交往的意义感。结合深圳志愿者之城的文化传统，尤其是深圳规定 10 岁以上儿童可以申请义工号参与志愿服务工作，因此我们提出五年级学生的教育主题是"做阳光志愿者"。

志愿者

志愿者主题活动是五年级学生教育的主线，有许多方面可以挖掘。

1. 班级互助活动。可以是班级内学习成绩层面的一对一帮扶结对活动，但更要提倡多元性的社团共同发展活动。班级互助社团具有志愿服务的性质，又有促进学生多元发展的意义，具有综合价值。

2. 校内服务活动。可以是类似徐老师组织的给校内师生送温暖，也可以采取与低年级小朋友的手拉手活动，还可以在校内大型活动时组织学生义工实践。

3. 社区服务活动。深圳志愿服务组织与制度非常健全，无论是义工培训、组织管理和积分考核都比较成熟；遍布全城的 U 站，随时欢迎学生参与体验。各社区纷纷引进了社工等专业人士组织服务体验活动，为社区学生做义工提供了便利条件。

阳　光

阳光大方应是五年级学生的发展要求，这也是志愿活动的内在品质。具体要求有：

1. 要让学生有一双聪明的眼。要鼓励学生善于发现身边的资源，因势利导地开展相关的志愿服务，不仅仅局限于某几个常见主题，要让学生不但想做而且能做得到。徐老师的这个活动非常巧妙，引导学生将目光从校外转向校内，转向校内需要帮助的人，特别是身边一些常常被漠视的熟悉人群，如保安、保洁员、花工、电工、水管工等，这不但使活动充满了生活气息，而且使学生的思维灵敏度得到了发展。

2. 要让学生有一双能干的手。要在实际活动中促进和提升学生动手实践的能力，习得相关技能。徐老师的这个活动从最初组织学生捡饮料瓶，再转向组织学生学手工制作、卖手工作品，无形中增加了劳动的复杂度，既解决了筹措经费的难题，又发展了学生的实践能力，很有价值。另外，邀请卡的制作、汤圆原材料的购买、汤圆本身的制作、吃汤圆前节目的表演等都在不同程度、不同层面上培养了学生动手动脑的具体素养。

3. 要让学生有一颗阳光的心。要通过有意识的教师介入和班级小结活动，引导全体同学认识到志愿活动不仅仅是奉献，同样也有收获，是真正的赠人玫瑰，手有余香。徐老师组织本次活动，让学生更深入地认识保洁员阿姨这个特殊人群、这份特殊职业，了解到她们劳动的辛苦，也认识到这群普通人的善良与勤劳，很有价值。

当然，如果能够更深入地挖掘其中典型人物的事例，从中提炼和显现平凡中的伟大与不平凡，相信价值会更大，也会促使学生在更大意义上与志愿对象一起共生共长。

中学，我来了

深圳市光明区光明小学　许静　谢德华

　　毕业，这是一个自我认识和自我调节作用凸显的时期。

　　——李家成，李晓文：《"新基础教育"学生发展与教育指导纲要》，第 220 页

　　作为一个六年级的班主任老师，我时常听到小学老师抱怨中学老师，说为什么自己在小学教得那么好的学生，到了中学是如何不适应，成绩是如何一滑再滑的。后来接触中学老师多了，却也时常听到中学老师抱怨小学老师，说一些小学生连基本的知识技能都不懂，如数学不懂四项基本运算，英语不懂基本的 26 个英文字母，如此等等造成了初中教学的困难……听得多了我就开始留意，发现学生上中学不适应的情况的确比较普遍，所以我在想，能不能找到一个方案来解决中小学衔接不够这个问题呢？

"能不能去中学看看？"

　　解决问题，前提是了解问题，特别要了解学生中存在的问题。我抛了两个问题给学生，一是你心目中的中学是什么样的？二是你对中学有什么困

惑？很快就收到了一堆资料，发现了一堆问题，它们包括：

中学一天几节课？

中学有哪些科目需要学习？

中学作业多吗？

有饭堂吗？有小卖部吗？

中学校风怎么样？班风怎么样？

中学设施设备有哪些？好玩吗？

中学教师会不会很凶？

上中学可怕吗？

如何才能消除这些困惑呢？有学生提出开个主题班会，请班主任老师作一些有关中学学习与生活的专题讲座，还有学生提出请一两个中学生到班级来介绍情况等，但总觉得不是特别理想。在大家的思维陷入困境的时候，有个孩子弱弱地提了一句，"能不能让我们去中学看看"，一下子激起了学生们热烈的讨论。有人赞同，说好玩；有人反对，说不现实；更多人在等着老师给出结论。

说实话，我也很矛盾，这需要两个学校的配合，需要动用大量的人力物力，恐怕不是一个普通老师能做到的。但这确实也是一个好点子，如果学生能去中学走一走、看一看，可能很多问题就解决了。

当我向学校领导提出这一设想时，得到了他们的一致认同。至于中学方面，学校领导很快就联系好了，他们也表示了极高的期待，因为他们也曾经派部分老师去小学听过课，作过教研交流，效果不甚理想，从学生层面开展活动，大家觉得很新颖，希望能够有所突破，为进一步开展衔接工作打好基础。看吧，其实只要沟通，方法还是比困难多的。

"中学，我来了！"

通过前期调查和分析，我与科任老师及中学老师一起商量将 50 位孩子分成五组，每组有一个老师带队，10 名学生参与，利用半天时间进入中学校园，我们称之为中学生活半日体验活动。体验活动共分三个部分。

第一部分是课堂学习体验。在老师的带领下，每组同学进入一个班随班听课学习，感受初一孩子们的真实课堂。我们鼓励小学生们在课堂上积极举手发言，提出问题，参与课堂学习，孩子们也表现出了相应的积极性，他们拿出早就准备好的笔记本，在认真记中学老师的授课内容和学习要点的同时也用自己的努力创造着不同的课堂精彩。

在一节生物课上，老师组织学习了心脏的心房划分和功能异同，由于这是一个完全陌生的新学科，孩子们兴趣盎然，目不转睛地盯着黑板，异常投入。老师也很机智，顺势在课堂上组织了一场中小学生 pk 赛，由中学生、小学生分别派代表到黑板上重新画出心脏图，要求进行功能分区。与扭扭捏捏的中学生相比，小学生们更加主动，并且在相当快的时间里完成了一份高质量的绘图，赢得了阵阵热烈的掌声。小学生以全胜成绩结束了 pk，也赢得了老师与学长们的肯定。

第二部分是参观校园和参加课间操活动。孩子们在感受不一样的课间操后，以小组为单位参观校园，从教学楼到实验室，再到饭堂、宿舍和小卖部，一路上他们领略了中学校园的丰富多彩，也感受到了强烈的学习氛围，记下了校园中的处处美景和各式各样的设施设备，他们或单独，或三五成群在校园里留影，满脸都是快乐和向往。

第三部分是与中学领导及中学生代表交流。按照事先的安排，中学领导就中学学习与生活为小学生们作了整体介绍，并组织了互动交流，然后安排部分中学生进入各小组，与小学生们进行分组交流。交流会现场，学生们个个侧耳倾听，注目观看，奋笔疾书，主动交流的状态非常好。

不知不觉，一个上午的体验活动很快就结束了，孩子们带着依依不舍的心情又回到了小学。而后大家以小组为单位，围绕"中学小学大不同"这一主题，利用中午休息的时间就校园文化、学习方式等子问题进行了梳理，制作了PPT，准备在下午参加班队交流活动。

"中学小学大不同"

下午第二节课，"中学小学大不同"主题班会如约而至，围绕这一主题，五个小组分别派代表用PPT等形式反思半日体验活动的收获，并对同学及中学提出相关建议。

第一小组主要汇报中学与小学在校园环境上的差异，他们认为中学校园环境更加优美，学习氛围更为浓厚。第二小组汇报了中学小学在设施设备上的差异，他们认为中学设备更为丰富、更加齐全，有利于学生个性发展。第三小组汇报了课堂教学上的差异，他们认为中学课程更多，学科难度更高，对自主学习提出了更高要求。第四小组汇报了班级管理上的差异，他们认为中学班级管理更加强调自主，要求更加严格。第五小组汇报了学生活动的差异，他们认为中学学生活动更加突出多样化，为有个性的学生提供了更多的机会。

除了给中学点赞，孩子们也指出了中学里一些不尽如人意的地方，如个别中学生不讲卫生、不守纪律、不爱学习等，引起了在场同学的共鸣。这就很自然地引申到另一个重要话题——如何更好地适应中学生活和学习？大家以金点子征集的形式，通过概括和归纳形成了一些相对集中的意见：中学生活更加丰富，有更多选择、更多可能，小学毕业生们要更加主动、自觉、独立，以积极心态努力提升自我，生活上早作适应性准备。

班会最后，中学的领导及老师代表点评了半日体验活动中同学们的表现，对表现优秀的学生给予了奖励。大家鼓励孩子们勇敢面对，从小事做起，每天进步一点点，迈好从小学到初中的这一步，做个优秀的初中生。

"中学生活，我能行！"

活动到此并没有结束，在班会后，我们还开展了一系列活动。

首先，组织梳理活动心得和体会。大家纷纷表示，活动强化了对中学的认识，提升了对中学生活的适应性，丰富了成长的体验，树立了在中学生活的信心。姚畅同学在体会中这样写道：

显然，课程更复杂，学习更困难是初中需要适应的，但社团活动更加丰富多彩，烹饪社、魔方社、吉他乐队、小号乐队……即使是学习不太跟得上的同学也能在这里发挥自己的特长。

中学的设施与小学相比更加完善。体育室、器乐室、物理实验室……还有即将完工的网球场、羽毛球场、新饭堂、科技楼……各种设施设备一应俱全，学生的校园生活必定精彩纷呈。

光明中学带给我满满的期待和向往，马上就要踏入光明中学的大门了，我一定会做好充分准备迎接新的中学生活。光明中学，我来了！

再次，组织了"主动学习我能行"活动。我们在班级开展了一场学习竞赛，包括在课堂学习的听讲、提问、记笔记等内容，也包括在课外积极组织相关活动，在活动中锻炼自己。其中一个很重要的内容就是自行设计制作"中学小学大不同"宣传板，将自己在本次活动中的图片、文字组合成主题相对聚焦的内容，在美术老师的指导下以新颖的形式进行编排，最后通过校方联系图文公司进行喷绘完成。作品完成后，经校方允可，在校园显眼位置进行摆放并对六年级学生进行宣传，进一步扩大影响。这时孩子们又成了义务宣讲员，一个个主动大方，俨然成了中学生活的推广明星，当然他们在其中又经历了新的学习过程，得到了新的成长。

六年级，做自信毕业生

六年级是小学学习的最高、最后阶段，一方面，他们处于少年期的高级阶段，自我意识、独立意识明显增强，教师要给予他们自由选择的机会，充分发挥他们的自主性。另一方面，他们处于小学的最后阶段，面临人生第一次重大选择，各种烦恼和焦虑随之增多。因此，我们根据"新基础教育"的相关理论，将六年级学生教育主题定为"做自信毕业生"。

毕业生

通过毕业这个有成长需要的主题，创设有意义的活动，搭建丰富的学生实践平台，成就和创造一段属于毕业生的独特生活。

1. 自主成长活动。要开展丰富多彩、具有一定挑战难度的班级活动，给予学生充分的自由选择机会，鼓励他们勇于挑战，形成自信阳光的自我意识，为学弟学妹作出表率。同时也要适当开展理想前途教育，鼓励他们了解和体验社会上的各种职业，初步产生学习与职业规划意识。

2. 毕业感恩活动。可以通过组织同学们回顾 6 年来的成长岁月，表达对师长的感恩，对学校的感恩，还应借助互写留言册等活动，引导全班同学梳理一起玩耍、一起学习、一同努力、一同欢笑的美好时刻，鼓励学生表达对同伴的感恩。

3. 升学指导活动。可以像许老师一样，有针对性地开展中小学衔接教育类活动，加强学习与生活指导，提升学生对中学生活的自信心，以从容态度拥抱即将到来的中学生活。

自　信

要根据六年级学生身心发展特点，有意识地在活动中凸现自信特质，提升学生自信，从而以更高的层次面向未来。要做到以下四个方面。

1. 目标清晰。不断提升学生对目标的清晰认识，并以此为基础划分和组合小组，让学生知道自己在活动中的具体任务。要像许老师一样通过前期的问题清单罗列，有意识地归纳梳理，形成具体清晰的活动目标。

2. 行动有效。许静老师组织学生分成五组后，鼓励他们前期做好分工，讨论研究任务，优化研究方式，准备研究手段，为体验工作的顺利进行创造了条件。同时设置尽可能丰富的体验环节，丰富体验形式，包括听课、听讲座、访谈、参观等方式推动更多学生真实参与其中。而鼓励学生用纸笔、手机等手段，关注中学生活的细节，进一步强化了体验工作。

3. 认识合理。许老师利用班会等平台开展生生互动交流与点评，让学生的认识更加具备理性。学生对"中学小学大不同"的总结很有辩证性，既讲到了中学生活的精彩，也说到了中学生活的不足，让人们看到了六年级学生的理性风采。

4. 情感饱满。活动之后的情感体验是"新基础教育"学生工作特别关注的方面，六年级学生即将开始新的征程，情感体验的积极与否，关系到下一个活动是否有效。许老师意识到这一点，通过设置宣传栏、家长群共享等方式调动学校其他师生、广大家长进行点评，进一步鼓舞了学生。

当然限于时空等多种原因，该活动还不够透彻，后续可以继续拓宽，包括在时间上延长为 1～2 天，空间上更多访问参观实验室、场馆，人物上更多接触一线老师等。

附　录

不同年段的班级活动设计指南

年级	成长角色	心理特点	教育要求	节点活动
一年级	做神气小学生	形象思维为主，想象力比较丰富	学会自理：知道自己是小学生，喜欢学校，热爱学习，养成良好学习习惯；逐步独立，承担班级小岗位	入学典礼、入学教育活动、小岗位竞赛活动
二年级	做合作小队员	抽象思维尚未发展，想象力丰富，开始具备合作倾向	学会互助：知道自己是少先队员，树立少先队员荣誉感和责任感；积极参加小组合作，为集体做好事	队前教育活动、入队典礼、小队自主活动
三年级	做聪明小主人	从形象思维向抽象思维转变，自我意识开始觉醒，但自我管理能力不够	学会自主：知道自己是学习与生活的主人，有能力面对和挑战学习中的困难；能自主、有创意地参与班级建设	雏鹰争章活动、班集体建设活动、班集体庆典
四年级	做热情好少年	生理开始发育，情感更加细腻，有比较明显的兴趣和爱好倾向，关注同伴关系，有逆反心理	学会自立：知道自己已经是10岁的大孩子，开展同伴交往，发展兴趣特长；理解父母师长，能控制自身情绪	班级社团活动、感恩活动、10岁生日典礼
五年级	做阳光志愿者	逻辑思维能力明显提高，自我概念趋于稳定，友谊开始产生，渴望更广阔的世界	学会奉献：知道自己已经是学校里的大哥哥大姐姐，要乐于助人，做低年段小朋友的好榜样；关注社会，参与义工服务	大手牵小手活动、社区服务活动、义工团成立典礼
六年级	做自信毕业生	学习自主性水平明显提高，兴趣爱好相对稳定，开始关注流行文化，关注未来理想	体验自豪：知道自己是小学毕业生，懂得感恩，勇于承担，回报母校师生；努力学习，体会成长，树立理想，走向未来	校级岗位实践活动、毕业季活动、毕业典礼

第二章

真任务，真实践

通过具体任务鼓励学生主动实践，是班级活动育人的核心。"新基础教育"秉持成事中成人的理念，强调在具体的任务参与和完成中实现学生发展。这一方面要求班级活动坚持实践取向，重新审视宏大宽泛的理论思辨主题，鼓励结合班级建设实际开展可感、可见、可参与的具体活动；另一方面要通过教师的有效介入与指导，发挥学生智慧，将其开发成不同类型、不同层面的若干小任务，鼓励学生主动承担，在任务完成中达到锻炼和发展学生的目的。

本章围绕班级岗位开发、班歌评选、班报编辑等内容，精选了五个活动案例，概括了班级活动的五种主题类型：组织管理类、文化建设类、社会拓展类、自然探究类、人文开发类，并在其中分析了不同主题班级活动的组织要点。

我爱班级小岗位

深圳市光明区玉律小学　李秀君

> 班级管理工作，主要不是为了让学生帮助班主任，而是让管理、制度本身成为一种教育的手段与力量，开发学生的潜力，帮助、促进每一个孩子更好地认识自己，实现主动、健康发展。
>
> ——张向众，叶澜：《"新基础教育"研究手册》，第 243 页

学生刚刚从幼儿园升入一年级，面对学校的一切，既新鲜又陌生，等到基本熟悉班级、校园、同学之后，面临的主要现实问题就是适应和融入班集体的生活。在集体生活中，一方面是大量的日常事务性工作需要完成，单靠老师不现实；另一方面，因为父母的包办，学生的动手能力还非常欠缺，需要不断提高。根据"新基础教育"在成事中成人的基本思想，我从班级日常事务中看到了学生锻炼和发展的可能性，于是组织了"我爱班级小岗位"的主题活动。

小岗位设置

班级小岗位的设置是班级组织建设的第一步。班级是学校的基本单位，

麻雀虽小，五脏俱全，各类事务应有尽有，都有可能开发为相应的小岗位。但在设置岗位的过程中，班主任绝不能替代学生，要充分利用学生的智慧来发现班级事务，设置相应岗位。

考虑到一年级学生对设置岗位没有一个清晰的概念，因此我先让学生相互讨论，发现班级生活中出现的问题，再针对问题设置相应的小岗位，比如分发牛奶、管理图书、整理书包、课间安全维护、出操放学排队等，都是学生们提出需要设定小岗位的地方。

接下来，利用班队会，我与同学们一起为小岗位定下了好听的名称：牛奶员、图书小管家、书包整理员、整队员、课间黑猫警长等。最后，我们还设计了岗位的职责，确定了合理的岗位目标，当然岗位职责要根据一年级学生的特点和认知水平来定。

在同学们的群策群力下，每个岗位的职责不断丰富，打破了学生原来的认识。譬如课间黑猫警长，原来定下的职责是做好课间走廊、教室、厕所的安全文明工作，发现冲跑打闹等不文明现象及时劝导，后来又有学生提出只是禁止不行，还可以教同学们玩安全又好玩的游戏，如"红灯绿灯小白灯"等。下表是我班的岗位设置情况。

一（5）班岗位设置一览表

	岗位名称	岗位职责
学习组	作业小助理	每天早上第一节课上课前准时收齐各科的作业并上交到老师处，下午午练课后准时发家庭作业，并协助老师布置当天的家庭作业
	电脑小管家	负责电脑、投影、扩音器开关机及维护工作
	图书小管家	做好班级图书吧的整理、维护
	导读小老师	每天早上做好领读，管理早读和午读工作

	岗位名称	岗位职责
纪律组	课前督察	听到第一次铃声响起，提醒同学们做好上课准备
	整队员	每天中午、下午放学清点人数，整理队伍，做到快、静、齐；做好校园舞的领队工作，并指导同学跳好校园舞、创编属于我们班的班舞
	课间黑猫警长	做好课间走廊、教室、厕所的安全文明工作，发现冲跑打闹等不文明现象及时劝导
	眼操督察	监督眼操纪律，做好眼操示范
礼仪组	礼仪督察员	做好每天文明礼貌监督工作
	校服监督员	做好校服穿戴监督工作
	红领巾监督员	做好红领巾佩戴监督工作
卫生组	桌椅美容师	做好桌椅整理工作
	水瓶美容师	做好水瓶的整理工作
	地板美容师	做好教室地面干净整洁保持工作
	牛奶分发员	每天负责牛奶分发及垃圾回收处理
	黑板讲台美容师	及时擦黑板，保持黑板整洁；做好讲台保洁整理工作
	节能小卫士	做好班级开、关灯及消毒工作
	书包管理员	做好书包的管理及摆放工作

小岗位竞聘

活动岗位虽然已经确定，但不能进行分派和安排岗位，要根据岗位职责要求鼓励学生自主选择，只有学生想做的，他才会愿意去做，用心去做，任何人都不应该"强拉马饮水"。与此同时，老师也要引导学生根据自己的特长和爱好选定适合自己的岗位，并激发他们的爱岗之情，这有利于他们在岗位实践的过程中尽职尽责，充分开发自己的潜能，展示自己的才华。但是自主选岗的过程中可能会出现有些岗位没有人愿意选的情况，因此我与同学们一起创造提出了岗位组合法：必选岗位＋自选岗位，比如卫生值日就是必选岗，每个人都要打扫卫生，这样就做到了人人有岗。

当然，在自选岗位时还会出现一人多岗和一岗多人的情况，如有多人选一岗，就要进行简单竞岗，而对于个别更需要领导力的小岗位来说，则有必要开展正式的竞岗活动，并以此作为教育契机，让竞岗活动成为教育资源。一年级第一学期我们班竞选的"整队员"——给我一个岗位，我能行——就是一个典型的竞选活动，下面是活动过程的片段：

师：有请下一位竞选者嘉婧小朋友！

嘉婧：请我的粉丝团上来！大家好！我竞选的也是整队员，我也会整队！

［喊口令：向前对正、立正、跨立、立正、向左转、向右看齐、向前看、报数、整理仪表、向右转；齐步走（慢了重来）、齐步走、一二一、标齐排面向右看、向右看、一二一、立正、向前对正、立正。粉丝团配合做出相应动作。］

嘉婧：我改进了一下齐步走，以前教官教我们齐步走时，头要向右看，我觉得这样走虽然右边看齐了，但还是看不齐前面，现在我改为用余光看齐。（关键点、空白点）喊口令：余光标齐向前看、一二一、立正、向前对正！

嘉婧：整队员还有一项职责是领舞，我觉得我跳舞还可以，请大家欣赏一下校园舞，播放音乐！

通过竞选人与粉丝团的展示，体现团队合作、协助配合，突出竞选人的创造力、表达力，也通过赞扬的形式增强了他们的自信心和参与的积极性。

小岗位评价

通常情况下，小岗位的设置容易，管理评价却较难。一年级上学期我们班的小岗位基本上都设立了，但是经过一个学期的岗位工作，我发现个别小岗位成员对岗位工作出现了倦怠心理，工作不够积极，这可能和我们班对岗位的管理和评价不够系统、不够到位有很大关系，因此我们及时开展了评岗工作，在评岗过程中，把评岗当作一种教育活动，在活动中通过展示、对话、评价，发现问题，及时帮助；发现懈怠，及时加油；发现亮点，及时表扬。我们采取的岗位评价的流程是：自我申报—小组交流—大组评定—颁发证书，以此促进学生之间的生生交往、相互学习，效果不错。比如我们曾经这样对牛奶员岗位进行评价。

牛奶员：大家好！我们是牛奶员。我们的职责是：每天负责分发牛奶、回收牛奶盒。

牛奶员1：每天第二节课一下课，两位牛奶员就会抬着牛奶筐从一、二组和三、四组过道中间走过并稍作停留，过道两边的同学坐在位置上弯下腰拿牛奶，同时帮同桌一起拿，这样能节省时间，也能让同学们有个安静的喝奶环境。（在牛奶员1讲解的同时，牛奶员2展示平时分发牛奶的工作过程，观众配合。）

牛奶员2：喝完牛奶后，请把牛奶盒放入垃圾袋。（牛奶员1去拿垃圾袋，观众把空奶盒有秩序地放进垃圾袋。）

师：哇，他们做得棒不棒呀？

生：很棒，因为他们每天都能这样坚持。

生：我觉得他们工作很认真。

生：他们发牛奶的速度很快。

师：嗯，你们真会观察，老师把你们说的总结为"坚持做，认真做，智慧做"（教师板书）。接下来，老师也希望其他小岗位能像他们这样做得棒棒的。

值得注意的是，展示和评价岗位工作，一定要把工作细节展示出来，多让学生动手体验。通过边讲解边展示小岗位工作，代替枯燥无味的言说，不仅能够让孩子们得到更多的体验，也能吸引他们的眼球，激发他们参与活动的兴趣。

小岗位发展

活动取得了比较好的效果，学生们对小岗位兴趣浓厚，积极性很高。为了方便管理，也为培养班干部作准备，更为了进一步促进学生之间的团结协作，一年级第二学期，我们根据岗位性质把小岗位分成了四类，分设四个岗位组，分别是学习组、纪律组、卫生组、礼仪组，同时竞选了岗位组组长。在强化岗位责任的基础上，岗位组的设立促进了学生之间互帮互助、友好协作关系的形成，组内小集体的责任意识也能得到强化，班级面貌呈现出欣欣向荣的局面。

评　析

组织管理，以民主培育公共素养

在班级的日常生活中，组织管理是最基础性的工作，具有锻炼和培养能力的作用，但现实中，承担组织管理任务的主要是班主任和少数班干部群体，因而得到锻炼的也只是这部分少数人。更夸张的是，长期以来班干部群体比较稳定，逐渐固化为特权阶层，而大部分学生则被固化为平民阶层，究其原因可能是班主任的工作惯性，但也有可能是班主任对组织管理本身的独特育人价值认识不足。

公共素养

我们认为，班级组织管理实质上是对班级公共生活的经营与组织，其目的是促进班级公共生活的有序、平稳与丰富，它实质上对所有学生而言具有公共生活启蒙、公共素养培育的独特价值。

1. 培育公共管理素养。这是指学生在参与班级组织管理中，特别是在班级正式组织中担任小干部角色，往往需要开展班级决策、配置班级资源、组织班级人员、完成班级任务、评估工作结果等，这些涉及公共领导能力与素养。

2. 培育公共服务素养。除了班级领导工作，还需要大量为群体服务的相关基础性工作在"新基础教育"中被大量开发为岗位。如何做好本职工作，也涉及公共服务的意识、公共服务的能力、公共服务的质量等。

3. 培育公共评价与监督素养。这包括对班级管理岗位、班级服务岗位的评价，也包括对班级生活质量的评价，需要广大学生能够把握岗位评价的标准，公平公正开展评价，并对负面工作和消极现象能够提出批评和建议，达到监督的目的。

民主参与

开展组织管理类活动，最重要的是倡导民主参与。结合李老师的活动，我们认为要注意以下方面：

1. 全员参与。在班级中不断形成服务类、学习类、活动类等多类岗位，这就好比在班级中划分了不同的工作与职业，为每个学生参与公共服务奠定了基础。李老师组织学生发挥智慧，一共开发了近 30 个岗位，涉及班级生活的方方面面，基本能覆盖每个学生，实现全员参与。

2. 全程参与。岗位工作是个长期性工作，包含岗位设置、岗位竞聘、岗位实践、岗位评价、岗位轮换等环节，每一个环节都有育人价值。以竞聘和轮换为例，前者是通过竞争上岗，让每个学生都可能享受权利，后者是定期轮换，从制度上打破特权阶层，从而在日常班级生活层面落实民主。这对每个学生而言，无疑是民主意识的熏陶与培养，其价值与意义不言而喻。

3.全面参与。班级组织管理还是一件综合性的工作，涉及许多方面，在不同年段会有不同内容和侧重点。一般来说，一年级要建立班级小岗位；二年级要建立班级岗位组，成立小队；三年级要组建班委会，选举小干部；四年级要组建双班委甚至多班委；五六年级要组建班级社团、项目组等非正式组织，还可以组织参与年级、校级自主管理，在更高层面锻炼与培养学生。我们要根据实际需要长期坚持，在三到六年的时间里让孩子们能够全面经历班级组织管理并从中得到不断发展。

班级同唱七色花

深圳市光明区玉律小学　黄凝

"文化"是人之行为方式与思维方式的积淀。班级建设中的所有内容，都必然能沉淀为某种文化，并受制于己有文化的影响。

————李家成:《班级日常生活重建中的学生发展》，第 184 页

在四年级上学期，我们围绕年级的"花儿少年"主题活动作了一些有益的自主性探索：将中队命名为"七色花中队"。七片花瓣，代表着班级的七个小队，大家齐心协力凝成一个整体；七种颜色，代表着"诚实、善良、勇敢、活力、上进、勤奋、团结"七种不同的优秀品质。但理想与现实并不同步，一个学期过去了，"七色花"似乎只是挂在墙上，小队之间缺乏合作，班级也缺乏凝聚力、荣誉感，怎么办？

恰逢学校新一年的"班班有歌声"比赛又将拉开序幕，我想以这一节点活动为契机，让"七色花精神"能深入每一个孩子的内心。

找　歌

我们开展的第一次活动是寻找参赛歌曲。为了让全体学生都参与进来，

通过相互讨论，我们确定了选歌程序。

1. 小队成员每人选出一首歌，注重人人参与。

2. 由小队内部讨论决定，围绕评选标准从每个人选出的歌曲中再共同选出一首，代表小队参与最后的评选活动。

3. 六个小队共六首歌曲，由全班集思广益，共同商讨决定用哪一首歌曲作为代表班级参赛的曲目。

4. 最后，大家一起为歌曲的演绎方式出谋划策，作进一步的完善。

根据这一程序，各小队的每一位成员都要寻找一首歌，因为每个人都是独特的个体，我们要尊重学生的个性，但每个人的艺术审美不一样，选出来的歌曲势必也是五花八门，所以需要一个选歌标准，"那什么样的歌曲才适合我们合唱呢？"舞台是属于学生的，最后我将这个问题抛给了学生。

大家各抒己见，畅所欲言，经过共同讨论，我们将选歌标准定为以下六项：简单易学；旋律优美；积极向上；适合四年级年龄段演唱；适合集体大合唱；能凸显班级文化——"七色花精神"。

选歌标准一确定，孩子们课后就开始围绕这一标准各自精心挑选自己喜欢又符合标准的歌曲了，大家的积极性都特别高。课间，我也总是被学生揪住不放，他们围住我问这问那："老师，您看看我的歌怎么样？""老师，您觉得我的这首歌行不行？""老师，您认为我的歌能不能作为代表班级参赛的曲目呢？"……得到我的肯定回答后，孩子们才又喜笑颜开地散了。连班里那些不善言语、性格内敛的孩子都被带动了起来，班级生活氛围与以往大不一样。

个人找歌很热闹，但小组找歌就很纠结了。小队之间你来我往，互不相让，都不同意自己的歌被淘汰，大家纷纷来找我帮忙，对此我保持中立。慢慢地，我发现，孩子的世界其实是很丰富的，他们的视野有时会比我们更加开阔，他们的智慧可能会比我们想象得更丰富。有些小队邀请了家长一起参与，因为家长听过不少儿童歌曲，可以给予合理的建议；有些小队邀请了音乐老师一起参与，因为老师能提出指导性的专业意见……

在不断的对话中，各小队终于找到了自己的歌，但在最后的评选活动开展之前，各小队都不能闲着，他们需要准备展示汇报，更要使出浑身解数现场拉票。经过前期调查，我了解到各个小队都制作了精美的宣传海报和PPT，有演唱分工还有与歌曲匹配的舞蹈动作，有的小队甚至还准备了神秘的大礼包作为现场拉票的"终极武器"，可谓尽心尽力，因而我对接下来的曲目评选活动充满期待。

选　歌

重头戏开始，终于到了最紧张的评选比赛曲目的时候了。在各个小队展示汇报前，我利用多媒体出示汇报内容和要求，以便各个小队的汇报能有所聚焦，提高汇报质量，汇报内容包括三个方面：展示代表本小队参与评选的曲目中的一小段；说说初步设想的演唱分配和选歌由来；突出亮点，进行拉票。

汇报要求首先针对汇报者，要求汇报时能大方自然、表达清晰、声音洪亮，而对于倾听者也有相应的要求，要能做到倾听认真，对汇报者的汇报作出相应的评价，提出质疑或科学、合理的建议。

超能小队第一个上场，他们小队选择的歌曲是《隐形的翅膀》，在倾情演绎一小段后他们开始阐述观点。从歌曲的音调高低出发，他们认为低音部分让男生唱，高音部分更适合女生演唱，最后再合唱。互动环节中，其他小队各抒己见，许同学认为这首歌的歌词较为忧郁，可以进行歌词改编让歌曲显得更加开朗、乐观一些，他的这一观点让其他人眼前一亮，赢得了赞赏。

其他小队齐心协力依次汇报了他们前期准备的成果。阳光小队的《七色光之歌》节奏明快，歌词朗朗上口，能将中队名称与小队名称相结合，但也有队员认为这首歌比较适合低段同学演唱，而且节奏太快，有走调的风险。智慧小队的《我想要飞》考虑到歌词的内容，在演唱分配上做了明确的男女分工，并将其中一句歌词中的"蒲公英"改为"七色花"，这样就融入了我们的中队文化。展示完毕后，其他小队的成员为这首歌曲暂未设计动作的部分当场设计了一小段动作，格外有新意。希望小队从众多优美的歌曲中最终选出的《努力》是一首励志歌曲，激励同学们要努力，不要放弃，做个勤奋上进的孩子，小队还使出了"投票就有神秘大礼包"这个终极武器，让其他小队艳羡不已，将整个活动推向最高潮。信心小队从六首歌中精挑细选出的《感恩有你》，教会我们要做一个懂得感恩的人，要有勇气面对一切困难。最后压轴的是七彩小队，他们选择了满含温暖的歌曲《和你一样》，还制作了丰富内容的PPT，展示了小队在前期准备时的一些情景，并说明了他们选择这首歌的理由：歌词中饱含了对校园里一些特殊学生，尤其是残疾学生的关爱之情。

展示完毕后，我们分别邀请校长、音乐老师和家长委员作为特邀嘉宾亲临评选现场，校长和音乐老师各有两票，三位家长委员各有一票，各个小队作为一个小团队，各有两票，但最多只能投给自己小队一票。经过简短而又激烈的讨论，有着具体内容、饱含情感的《和你一样》最终胜出。

赛 歌

评选活动是圆满结束了，但并不意味一系列活动的结束。课后，看到有些孩子失落的眼神，我知道我的工作还没有结束。我和孩子们商讨，要将活动延续下去，既要让他们在"班班有歌声"这个舞台上唱好《和你一样》，展现自我，唱出心声，唱出真情，还要尊重没被选上的歌曲，建议把它们作为各小队的队歌，加入小队文化之中，在每天的午会10分钟，全班一起唱一唱这几首歌。

2016年6月，在那个烈日炎炎的夏天，我与我们班的孩子饱含热情，一起登台演唱了这首歌，获得了学校和家长的一致好评。比成绩更重要的是经历漫长而曲折的找歌、选歌、赛歌环节，七个小队越来越团结，七色花中队也越来越团结，七色花的精神似乎也慢慢进入了孩子们的心灵。

文化建设，以创造提升集体情怀

目前各地各校都十分重视班级文化建设，开始了各种有益的探索，相应的成果层出不穷。从理论上强调文化育人、环境育人，在实践上更是提出和归纳了各种策略，但不容否认，班级文化建设也存在精英化、表面化等问题，特别是对班级文化建设的独特育人价值认识不清，比较模糊。

集体情怀

叶澜说，班级文化的核心是班级形象的建立和群体个性的追求，实质是班级共有价值观的体现。[①] 正是这种独特的班级形象和群体个性，才使广大学生把班级当作家，在家中获得温暖、激励和教育，因此我们认为，这种集体感的获得正是班级文化建设的独特价值：

1. 集体凝聚价值。这是指班级文化对班级成员的集体凝聚力、向心力的培养，一旦形成班级文化，必将激发全体师生的集体荣誉感。

2. 集体激励价值。这是指班级文化对班级成员的目标激励、价值引导作用。良好的班级文化会通过积极向上的共同目标引导所有学生形成共同追求。文中黄老师提出了七色花班级文化，倡导积极向上的七种品质，对学生行为的引导有积极意义。

3. 集体制约价值。这是指班级文化对班级成员的行为约束功能。它通过班级舆论的形式对班级成员的言行举止进行约束，促使班级内部形成相对统一的行为方式，尤其对个别偏离主流文化的行为有制止作用。

---

① 叶澜.“新基础教育”论——关于当代中国学校变革的探究与认识 [M]. 北京：教育科学出版社，2006：316.

主动创造

开展班级文化类活动的重要要求就是突出主动创造的特点,主动是指全体学生是班级文化建设的主体,必须发挥主动性;而创造是班级文化建设的内在要求,如果千班一面没有个性,班级文化就没有生命力。结合黄老师的活动,我们认为有以下工作要做:

1. 内容创造,提升班级个性。这就是要求结合班级实际,经过创造性的提炼,形成学生普遍认同的班级核心价值观,然后将这种隐性文化与先进文化进行统整,形成鲜明独特的班级个性。

2. 形式创造,提升艺术品位。文化必然地要与艺术和审美联系在一起,如班歌必然要与音乐结合,班徽、班服必然要与美术结合,这是文化建设的独特性,因此不能简单放低对文化产品、文化成果的艺术追求,要从育人的意义上提升文化的艺术品位,黄老师对班歌提出"歌词清新,旋律优美,节奏明快,表现新颖"等要求,并且鼓励学生邀请家长、专业教师等进行出谋划策,有效地提升了班歌的专业内涵,给人以美的熏陶。

3. 过程创造,实现全员参与。改变传统班级文化建设的短时现象,将文化建设类主题活动做成系列,拉长过程,并在过程中注意全班参与、全员参与、人人有责,防止教师替代,防止明星学生替代,进一步提升班级文化建设的主体性。黄老师的"我的班歌我做主"系列活动,从班级学生个人选歌开始,慢慢经历小队共选、全班齐选等过程,调动了每个学生的参与积极性,发挥了每个学生的智慧,既有效地丰富了班歌的内容与范围,也提升了全班学生对班歌的认同度。

文化建设是一项漫长而又艰巨的工程,师生主动参与,共同创造才能使班级文化在活动中鲜活起来。

用班报关注"滑坡"

深圳市光明区长圳学校　黄小荣

随着儿童的发展，其介入家庭、社区与社会生活的力度也将越来越大……努力促成学生体验人与自然、社会间的关系，培养能够承担责任，并能够以自己的创造性实践融入世界发展之中的健康个体。

——李家成：《班级日常生活重建中的学生发展》，第 213 页

2015 年 12 月 20 日，深圳市发生了一件惊天动地的事情，位于深圳市光明新区的红坳渣土受纳场发生滑坡事故，造成 73 人死亡，4 人下落不时，17 人受伤，33 栋建筑物被损毁、掩埋。[①] 多么触目惊心，血的事件发生在我们的身边，距离不到两公里，是天灾还是人祸？我们该如何吸取教训？如何保护自己？而这些知识我的学生又知道多少？

筹办班报

新的一周，我开始着手做这件事情，我先问学生："同学们，滑坡是如

---

① 深圳"12·20"特别重大滑坡事故调查报告公布 [N]. 新华每日电讯，2016-07-16（4）.

何发生的？"在这里生活了几年的学生滔滔不绝地说缘由，给我们普及知识，看他们说得滔滔不绝，我便告诉他们："同学们，这些情况你们比老师清楚，我们把它们写成作文的形式让全年级的同学甚至是全校的同学都知道此事，好不好？"同学们积极响应，开始写了起来，其中有一篇写得较好，也让我了解了整个事件的来龙去脉。

灾难降临了（泥石流）

12月20日，噩耗传来，深圳市光明区发生了一件让大家都为之一震的事情——在我们居住的红坳村附近发生了泥石流。

虽然我并没有亲眼见过，但是可以想象可怕的泥浆像魔鬼似的从山上喷涌而至，张开血盆大口吞噬无数美好的家庭。

据报道，由于一个旧矿石厂空置，贪婪的人类不停地往里面堆积垃圾，直至堆了百米之高。土质的疏松加上雨后的流失，泥土松动起来，百米高的土堆开始暴动，倾盆而下，推倒了一栋又一栋楼房，也给孩子们幼小的心灵抹上了一层灰暗……

看到同学们对身边的世界这么关注，我觉得应该把活动深入下去。我征求同事的意见，与我们的班队老师讨论，有老师建议我融通自身美术学科的优点，制作一份班报，但办报纸需要得到批准，我带着疑惑来到校长办公室将我的想法告诉了校长，校长非常支持，并给我提了很多建议，使我豁然开朗。孩子们也非常兴奋，我们一起学习了报纸与报社的相关知识，知道了报社主要的部门有新闻部、评论部、文化部、编辑部、发行部、广告部、通联部、印制部等；报纸有报头、标题、正文、插图（图片和图表）几个部分，它们是构成报纸版面设计的基本要素。于是，我们也模仿着成立了一个六（2）班报社，根据需要成立了各个部门，挑选了相应的组成人员。

班报制作

同学们的资料已经收集得比较充分，于是班会在 12 月 25 日下午如期举行。

首先出场的是摄影部，由于红坳村已被封锁，摄影部同学的照片只能来自网络，他们挑选了较有代表性的灾难现场的照片来展示。

其次是新闻部，他们主要负责追踪学校近几日关于此事发生后出现的好人好事。以下内容来自他们的报道：

深圳市光明红坳工业园于 12 月 20 日上午 11 点 40 分左右发生山体滑坡，新区长圳学校等被指令为受灾群众临时安置点，长圳学校立即着手安排，叶校长通知周边教师和饭堂工作人员返校协助工作，立马准备好热水、姜汤和稀饭为安置人员提供服务。12 月 20 日下午 5 点后，大批安置人员到达学校，学校教职工积极投入到各项工作中，直到 260 多名安置人员全部转移到新区群体中心，各班班主任立刻联系各班学生，上报受灾人数。星期一早上，长圳学校为在灾害中家里受到损失的学生收集课本和教学用品，购置衣服和鞋子，并开展心理安抚工作。灾难终将过去，迎接我们的一定是灿烂的明天。

美编部的同学重点介绍了第四版的"逃生方法"，他们采用了漫画的形式以方便低年级的弟弟妹妹们能够看得懂，学习到正确的逃生方法。编辑部的同学收集了以下文字搭配他们的图片：

同学们，为什么伤亡如此惨重呢？因为人们根本不懂逃生方法，只是像无头苍蝇似的乱跑乱撞，面对山体滑坡，真正的逃生方法是要跑向安全地带。

逃生的方法有很多，如地震来了，我们可以躲在桌子下面或拿枕头等柔软物品顶着头部，等地震平静下来后，再逃到安全的地方去。火灾发生时，用湿润的手帕或毛巾捂住口鼻防止浓烟进入肺部，用颜色鲜艳的毛巾朝窗外

挥舞等待救援。

外联部的同学选择了采访校园其他的同学，他们在视频中问道："你知道 12·20 事件吗？""你知道它是怎么发生的吗？""如果你身处此次灾难中，你该如何应对呢？"大部分同学知道红坳山体滑坡事件，但真实是怎样的却不是特别清楚，如何逃生也一时想不起来。

各个部门已汇报完毕，部门之间展开了积极的讨论。"美编部第一版房屋倒塌图片，建议把背景的白色用铅笔涂色，变成灰色。因为是灰色的一天。""编辑部的同学要将文字写入美编部的格子里，正好能写得下吗？""外联部的采访，问题的情况如果做成统计图那就厉害了。"……通过班会讨论，六（2）班班报最终可以定稿了。

班报发行

六（2）班的第一份班报要出刊了，同学们都非常开心。宣传部的同学与校长取得了联系，校长允许我们到学校的文印室去复印，但文印室老师说的话使宣传部的同学心灰意冷，回到班后垂头丧气，同学们连忙上前问缘故，原来学校的机器没有 A3 复印功能。

有的同学提议到外面的打印室去复印，这个方法不错，而且校长也说愿意承担费用。可惜的是，每一家打印室都告诉我们"只有 A4 纸复印，没有 A3 纸，而且只有黑白，没有彩印"，同学们第一次感受到高科技是多么重要，方案一不行。有同学说："老师，没办法我们只能到各个班级去宣传了。"似乎听起来还不错，但有同学发问："我们只有一套报纸，如何在 26 个班宣传，时间选择在什么时候？"这确实也是一个问题，工作量太大，可能打扰同学学习，同时也可能影响自己的学习，方案二还不行。

就在大家陷入困境时，广播突然响起来了。全班同学异口同声，"采用广播宣传"，柳暗花明又一村，六（2）班顿时活跃起来了……最终确定：让宣传部的同学提前与少先队的负责老师沟通，派出富有发言经验的同学通过周一的班会课时间进行宣传。

尊敬的老师，亲爱的同学们，我是六（2）班的文希，下面我跟大家报道一件事情，本次报道是有关红坳村滑坡事件的，这是由我们六（2）班全体同学共同收集的资料，以班报的形式呈现，我们的班报分为四个板块：报道事件由来，校园贡献之心，救援，逃生方法……

灾难终将过去，迎接我们的一定是灿烂的明天。

以上是我们对红坳村滑坡事件的报道，报纸张贴在我班外面的墙壁上，欢迎大家到六（2）班来读报看报。

文希同学回到六（2）班赢得了全班同学的掌声，同学纷纷称赞她的勇气。广播宣传的效果很好。有低年级的孩子说："哥哥姐姐们好棒哦，制作了那么漂亮的报纸！"也有班主任说："原来红坳村的滑坡是这样发生的啊，我们班孩子也要向你们学习，多关注身边的事情，学会记录，养成写作的好习惯。"

经过第一次尝试，同学们更成熟了，后来经过改版后的班报终于能够印刷了，还出版了电子班报，连续发行了近 10 期，成了我们班的品牌项目。

评 析

社会拓展，以交往扩大成长空间

社会拓展，其实就是拓展和开发存在于学校内部、家庭、社区、社会生活中的各类资源。一直以来，教育界提倡学校努力开发社会性资源，也为此出台了一些措施，但实事求是地说，目前大家口头呼吁的多，实际开展得比较少，究其原因可能是受安全这条红线的影响，更有可能是由于对社会性资源开发的育人价值认识不足，对具体开发社会资源策略与途径认识不够。结合"新基础教育"的相关理论，我们认为组织社会拓展类主题活动应在积极交往中扩大成长空间。

成长空间

"扩大成长空间"是社会拓展类主题活动独特育人价值的集中体现。

1. 扩大学校成长空间。我们鼓励开展班级之间的大手拉小手活动，鼓励班级承办年级与校级活动，在这些活动中，组织学生与在校的师生、教职工进行积极交往。

2. 扩大家庭成长空间。我们鼓励开展亲子变形记，更新亲子交往的内容，还可以组织开展集体亲子活动，让学生与其他家长群体建立交往关系。

3. 扩大社区成长空间。积极组织学生了解社区、关心社区、参与社区相关事务，开展社区服务。让社区设施、社区组织、社区居民成为学生发展的新资源。

4. 扩大社会成长空间。我们鼓励学生关注身边的人和事，开展社会职业体验、社会实践等活动，甚至还鼓励班级参与跨地区、跨国际的交往活动，打开学生的视野。

积极交往

结合黄老师"用班报关注滑坡"的活动，我们认为鼓励学生"积极交往"应该成为社会拓展类主题活动的内在要求。

1. 主动沟通，搭建参与可能。要将社会事件、社会资源与学生实际、班级实际相结合，形成可能，让学生能够有机会接近这些社会资源，这就需要教师有敏锐捕捉机会、资源的眼光，组织学生主动与各方面人士沟通，让偶发事件成为教育可能。黄老师在滑坡这一事件中因势利导，先后获得了学生、同事、领导的支持，从而最大限度挖掘到了教育资源。

2.深度开发，丰富参与机会。要围绕社会事件，从多角度、多层面进行挖掘，开发丰富的参与机会，让学生得到体验和感受。黄老师通过班报这一载体，鼓励学生将学科学习与班报制作相融通，设置了摄影部、新闻部、美编部、编辑部、外联部等不同部门，将不同学生按照自身的实际纳入进去，给予具体任务，产生与社会事件的关联，促进了学生的实践参与。

3.保持开放，加强互动交流。要在活动过程中积极创设机会，让学生与各类人群互动交流，特别是在总结环节，要考虑到学生的实际水平，引入多方面的评价主体，促进学生社会实践参与的积极性，要考虑专业教师的指导，更加需要考虑引入社会评价，让相关社会人士给出意见，相信来自社会方面的鼓励会给学生更多的激励。黄老师在班报制作后，积极收集多方面的反馈信息，包括学校师生、社会媒介的正面意见，相信会激发学生越来越多的社会兴趣。

我和花儿做朋友

深圳市光明区玉律小学　刘丹妮

自然性资源是指自然世界中较少受人类活动直接影响的动物、植物、空间、环境等，通过对社会性与自然性资源的开发，班级日常生活的空间、资源、内涵可以有新的发展。

——李家成：《班级日常生活重建中的学生发展》，第207页

"谁动了春天里的炮仗花？"

本是百花齐放的春天，却缺少一抹金黄。原本绚烂的炮仗花围墙，今春却没有开放，只是挂着点点零星。这吸引了班级里那几个好奇心特别强的学生的注意，他们还发现在炮仗花围墙下躺着一根根竹子。"这些是从哪儿来的竹子？""竹子跟没有开的炮仗花有什么关系呢？"

学生找到了我，我也感到很诧异，我想我要上网查查炮仗花的相关知识。不，这样的事情，应该让学生自己去寻求答案。二年级的学生好奇心强，观察敏锐，渴望习得天地间更多的知识奥秘，更想通过自己的努力去寻求答案解决问题。

"其实老师也不知道要怎么回答这两个问题，如果你们能自己找到答案

并告诉我，那过程肯定会很有趣。"亲近学生，用儿童的语气与他们进行对话，和他们成为好朋友，这是一名老师的智慧，而已经有了小队合作基础的他们，就这样组成了临时调查小组，开始了对"谁动了春天里的炮仗花"的探究。

分工有模有样，有人负责上网找资料、有人负责实地考察，分析更是清晰具体。通过几天的观察、调查，他们发现：炮仗花是爬藤类植物，需要借着竹子往上爬才会存活开花，故竹子是炮仗花的生命线。低年级的学生由于不知道插在地上的竹子的作用，好奇心强而取出炮仗花的生命线，所以炮仗花被"不小心"弄死了！

"这些花儿你认识吗？"

原本以为结果水落石出，调查便告一段落，但这仅仅是"护花"的开始。调查小组为"低年级的学生取出炮仗花的生命线"这件事情感到担忧，这更成为了全班关注的一个话题。他们说，"不是同学们不爱护校花，而是大家不知道如何好好对待它们"，并提议要让全校所有同学都认识学校里的花，只有认识了解了花，才能保证花不受破坏。

在全班的响应下，"我与花儿做朋友"的小队实践探究活动开始了。调查小组把校园走了个遍，记录下学校里的花，主要分为八种：炮仗花、勒杜鹃、龙船花、马樱丹、紫色小花、一串红、桂花和澳洲火焰木。班级的八个小队在小队长的组织下通过投票自选，各自选择了自己想探究的花的种类，开始了为期两个星期的探究活动。除了要求小队内部明确分工、团结合作之外，我们的探究要求是：认识校花的外在特征和生活习性，了解花的种植和保护方法。

合作探究是美好的，但也是曲折的。精英小队首先遇到问题。在学生的要求下，我为小队争取了一次采访学校花工吴叔叔的机会，精英小队第一个获得采访权。采访开始，大家一拥而上，满是好奇，但许久都没有同学提出采访问题……精英小队垂头丧气地跟我说"采访失败了！"大家回忆了当时的情景："第一次采访，我们都很兴奋。""有点紧张，不知道要问什么问题。""花工叔叔告诉我们的知识，我们一下子就忘了。"是啊，无论从能力水平还是从经验上来看，这对于二年级的学生来说都是有难度的。如何解决呢？所有小队一起出谋划策。于是，有了以下对话。

"采访之前，每个人准备一个问题，就不会问不出问题啦。"

"我同意，可以先准备好小纸条，写上自己的问题。但不要重复提同一个问题。"

"担心我们记不住花工叔叔的话，那就应该用纸记录下来。"

"写字速度太慢，至少要两个人负责记录。"

"那就分工合作，有人负责提问题，有人负责记录问题答案。"

"不对，还有人要负责拍照。"

"制作采访卡，先列好采访问题到采访现场，再根据问题记录在采访卡上，就足够清晰明了了。"

孩子们你一言我一语讨论了采访的具体分工，更解决了采访的一大难题——设计采访卡。做好充分的前期准备，孩子们如愿以偿地完成了采访，对探究的校花也更加了解了。

悟空小队也遇到了问题。探究时间已经过了四天，他们始终没能知道"紫色小花"究竟是什么花？有人说是紫芳草，也有同学坚持称是万代兰。争执不相上下之时，大白小队的同学发话了："这跟我们小队探究的马樱丹很像嘛。"无心的一句话，却引起了大家的关注。大家意外发现，紫色小花所呈现的状态竟和马樱丹是一样的。难道是同一种花吗？大白小队又进一步进行调查，发现"马樱丹也叫五彩花，有红色、黄色、粉色、橙色、紫色等"。如此一来，同学们更确定紫色小花就是彩色马樱丹中的一种。"哦，原来是同一种花！那我们两个小队一起合作完成探究吧！"

"你与花儿交朋友了吗？"

两周的探究时间一过，转眼到了我们的成果分享会。在这场分享会上，各小队要通过自己的汇报证明已与探究的校花"交朋友"，还要通过分享让其他小队也能认识校花。很明显，大家都胸有成竹。

为了更圆满地完成，在分享会之前，各小队在各自的汇报方式上下了一些功夫。有小队画了海报，做了手抄报让自己的汇报更加完整；有小队制作了精美的照片集，一目了然；有小队制作了PPT，方便观众理解关注。分享会开始了！

第一部分，我们用照片回顾了各小队的前期活动过程。照片的收集，有我在偷偷观察学生活动时拍下的活动瞬间，有小队提供给我的小队活动照片，当然少不了家长发给我的学生照片。照片回顾，不单是活动流程的再记忆，关键是让学生看到了自己在活动中的进步和小队活动的价值与意义。

第二部分，各小队开始自告奋勇介绍"校花"。尽管小队发展至今已经有了一定的合作经验基础，但是同一个小队里能力不一，故在汇报环节并不是所有同学都是汇报员。不是汇报员的同学有没有任务呢？有的！他们中有的要负责记录，有的要负责补充，有的还要回答其他小队对他们小队提出的问题。

第三部分，互动交流环节。各小队可以对汇报小队提出点赞评价，他们要对其他小队的"合作表现"提出自己的判断，也要从其他小队的汇报中习得若干亮点与知识；各小队可以对汇报小队提出他们听不明白或者感兴趣的问题，目的在于更加细致了解花，因为他们要尝试跟所有的花朵交朋友。

活动还没有结束，第四部分，是同样参与到活动中的我提出问题：一次分享就能让我们真正与校花交朋友了吗？如何让其他班的同学也像我们一样能与校花做朋友呢？各小队开始进行讨论，有小队说"应该利用国旗下讲话宣传"，好主意；有人建议"做海报贴宣传栏宣传"，直观形象。采纳这些意见之余，学生还决定制作校花书签送给同学们，让所有同学能够更加深刻地去认识校花、爱护校花，与校花做朋友。

就这样，我们坚持了一整个春天。小队在这样的美丽季节里，能力得到提升，自主性也开始显现，还有一点让我感到欣慰的是：学校里越来越多的"小队"开始成立了！

评　析

自然探索，以共生更新生活方式

关注自然，探索自然，是当前教育的热点，但似乎也是盲点。大家一方面希望开展自然教育，另一方面却对如何有效开展比较盲目，大多停留在组织例行的春游、秋游活动，对其中的意义挖掘似乎并不够。

生活更新

在当前的中小学生日常生活中，电子产品成为重要内容，但相比冷冰冰没有生命力的电子产品，丰富的大自然资源在孩子发展上具有更加独特的意义，它更新了学生的生活方式。

1. 知识探索价值。大自然是神奇的，也是神秘的，内含许多科学的奥秘，这对于富有好奇心的青少年一代有着极强的吸引力。努力促进学生探索自然奥秘，对于发展学生的注意力、观察力与探索精神是十分有利的。

2. 愉悦身心价值。在繁重的学习之余，亲近自然会让每个人都得到放松，因此应该高度强调自然的这种本体价值，创造条件让学生多接触自然，这有益于他们的身心发展。

3. 陶冶情操价值。中国人自古以来就喜欢用自然植物表达某种品格追求，如梅、兰、竹、菊，被人称为"四君子"，成为中国人感物喻志的象征，亲近它们有利于从中得到熏染。

和谐共生

开展与自然相关的主题活动，要尊重自然规律，与自然和谐共生，具体可以提出以下要求。

1. 要认识自然。认识自然、了解自然是开展活动的前提与基础，因而要通过各种方式鼓励学生以个体或者以小组为单位开展对自然事物的探究，如刘老师从自然问题入手，引导学生认识炮仗花与竹子之间的关系，继而引导学生认识各种不同花卉植物的生活习性，并在其中特别借用花工师傅的资源有效提升了学生对自然花卉的认识深度，为后续活动的开展奠定了基础。

2. 要热爱自然。就是要培养学生对自然发自内心的热爱，这种热爱有先天的因素，但更需要师长们在后天有意识的引导，而且是充满教育性的引导。刘老师充分利用和挖掘了过程资源，放大了互动分享的环节价值，通过各小组的共同分享让大家对其他花卉也有了了解，特别是精美的图片呈现、有趣的习性讲解，展现了不同花卉植物的美，让学生们不由自主地发出了阵阵称赞声，强化了学生对自然花卉植物的喜爱之情。

3. 要保护自然。认识自然，热爱自然，最终要落实到具体行动中，要保护自然，并形成一种可持续的生活方式，这才是有关自然教育的根本。刘老师在活动最后因势利导，引导学生制作校花标签，开展爱花护花的宣传活动，不仅引导了学校的新型文化，更重要的是促进了本班学生的再次生长与发展，有利于学生形成生活习惯，进而影响他们的生活态度、生活方式，这对于学生成长很有价值。

立夏习俗共体验

深圳市光明区红花山小学　张会爱

　　二十四节气是中华民族数千年前了不起的创造……无论从自然变化、万物生长的节律，还是从继承传统的维度，节气都应该且可能成为整合学校综合活动最为适宜的系统框架。

　　　　——叶澜:《探教育之所"是"，创学校全面育人新生活》，载于《人民教育》2018 年第 13—14 期，第 14 页

　　二十四节气反映了季节、气候变化的规律，对我国的农业生产有着很好的指导作用。经过千百年的发展，二十四节气已经融入到人们的日常生活，影响着人们的衣食住行等一系列活动，它的价值不容忽视。叶澜教授指出:"天象、气象、物象、世象的变化，都凝聚、集中到一个个栩栩如生的节气之中，伴随着我们度过每一年。但相对而言，我们对节气及其活动的重视和开发还不够。"[①]本文试图以三年级开展的"立夏习俗共体验"主题活动为例，谈谈节气育人价值的综合开发。

---

① 叶澜.人间"节"语 [J].人民教育，2015（01）：74.

活动准备阶段

学生通过查找资料、制作手抄报、采访家人等活动，对"立夏"这个节气有了大致的了解，为小队确定活动主题奠定基础。

查找资料，绘制手抄报

根据班级的夏季系列活动计划，进入夏季的第一个节点活动是"小小笋芽，乐享立夏"。4月26日，探索立夏的活动拉开帷幕，学生通过网络、书籍和采访了解立夏知识。资料查好后，便着手筛选资料，绘制立夏手抄报，班委把手抄报展示在走廊展板上，供大家阅读学习，使学生在交互学习中更全面地了解立夏。

小队协商，确定主题

对立夏有所了解后，各小队在小队 QQ 群里协商确定自己小队的活动主题和活动目的。为避免各小队活动主题的重复，我请先定好主题活动的小队尽快把主题公布在班群里，我则扮演好指导者的角色，对小队提出针对性的建议，例如：天马小队的宇翔家有个果园，环境很适合开展有关农事的实践体验活动，在我的建议和家长的支持下，天马小队的主题活动确定为"进田间，知农事"；大雁小队等三个小队都对美食有兴趣，为了区别开来，我建议他们分别制作五色饭、树三鲜、地三鲜；白鲸小队多是文静的女孩子，她们选择了编辑"立夏知识大全"；而雄鹰小队男孩子居多，我建议他们以"吃蛋、绘蛋、斗蛋"为主题了解立夏的习俗文化，在节气里玩出快乐，玩出智慧。就这样，全班六个小队都确定了相关主题。

亲子合作，策划方案

经过充分的前期准备，各小队正式进入活动策划阶段。学生查找资料的能力有限，我就为他们提供一些相关网站，或把搜集到的资料共享到班群里，便于学生查阅。

有了知识与资料基础，我动员各小队在小队长的组织下策划活动方案，明确要求小队成员必须集体参与，不能只是队长或少数人包办。各小队第一次报上来的方案都不成熟，或没有考虑时间问题，或没有考虑外出安全问题。我就请学生把初定的方案上传至小队QQ群里，邀请家长们协商后再确定方案，慢慢地完善起来。如天马小队的活动方案充分考虑了时间、地点、人物及分工，比较可行。

5月5日活动安排：
晚上查找资料，细致了解立夏时的农事知识并作好记录。
5月6日活动流程：
13：50到达目的地。
14：00-15：00参观菜园、果园，观察农作物，听辅导员介绍农事知识。
15：00-15：40体验农事活动，如除草、施肥、修剪农作物等。
15：40-16：30集中交流、分享收获、完成活动记录表。
评选两名优秀队员。
5月7日活动安排：
在A4纸或PPT上以图文的方式记录活动。

活动实施阶段

终于要进入具体实施阶段，为了保证活动效果，我与孩子们一致商量，提出了四点意见：各小队根据小队方案参与活动；家长作好安全保障和技术指导工作；各小队队员集中交流、分享收获，作好活动记录表，评选出两名优秀队员；小队长组织队员写好总结汇报稿，选定汇报人员。

按照这些意见，各小队利用周末时间执行活动方案。天马小队走进田间了解农事，观察农作物的生长态势。大雁小队、熊猫小队和蚂蚁小队各自采购立夏最新食材，下厨制作美食、品尝美食。白鲸小队先按立夏习俗篇、立夏养生篇、立夏农事篇、立夏诗词篇分组制作，再把作品合编成"立夏知识大全"。雄鹰小队体验了煮蛋、绘蛋和斗蛋的游戏。在实践体验中，学生们亲近自然，用心探索，理解并感受节气生活，传承节气文化，此外他们还感受到了与社会的联系、与他人的交往等，孩子们把这些点滴都记录了下来。（如下表）

小队活动记录表（节选）				
序号	观察发现	探究方式	收获体会	记录人
1	南瓜地里长满了草，用手拔草很费劲。	用镰刀割或用锄头锄	立夏时杂草生长很快，俗话说"一天不锄草，三天锄不了"。农具能提高劳动效率。	陈××
2	立夏吃蛋、斗蛋有什么意义？	查找资料、听辅导员讲解	吃蛋、斗蛋是民间的节气习俗。煮熟的蛋套上丝网袋，挂在颈上，孩子们便三五成群进行斗蛋游戏，图的是获得快乐。"立夏胸挂蛋，孩子不疰夏""蛋形如心，吃了蛋就能使心气精神不受亏损"这些都寄托了人们的美好心愿。	邹××
3	为什么要摘去南瓜过多的幼瓜或雌花？为什么要对南瓜进行打顶？	请教果场主人宾爷爷	宾爷爷告诉我们，种植农作物也要懂得科学知识。摘去南瓜过多的幼瓜或雌花，给南瓜打顶目的是为了避免养分供应不足，抑制南瓜生长。这样有利于加快南瓜生长和加速果实发育。	陈×

总结分享阶段

在准备、策划和实施三个阶段中，队员们基本上是在自己的小队中开展活动，对立夏探索的范围有一定的局限性。而且学生开展活动的形式、遇到的困难、解决问题的思维方式各不相同，因此组织召开活动总结分享会，正好弥补了这种不足，还能拓宽学生认知的领域和提升各种能力。

譬如白鲸小队的汇报是"立夏知识我编辑"，按立夏习俗篇、立夏养生篇、立夏农事篇、立夏诗词篇分组制作，最后将四个组的PPT合在一起制成"立夏知识大全"进行了展示，还把小队开展活动时遇到的困难与收获作了分享。其他小队表现出了浓厚的学习兴趣，并进行了互动点评：

安博：看完你们传到班群里的"立夏知识我编辑"，我了解到了更多的立夏知识，比如古人非常重视立夏的礼俗，在立夏的这一天，古代帝王要率文武百官到京城南郊去迎夏，举行迎夏仪式。谢谢你们。我想请教你们的是，我在活动记录表上看到你们开始不会把字打在PPT上，后来是怎样解决这个问题的？

瑞瑶：谢谢，在网上找到资料以后，把字复制下来再粘贴到PPT上就行了。

欣宇：虽然你们遇到了很多困难，但你们不放弃，很团结地把事情做好，我要向你们学习！

星材：你们的诗词篇找的资料有些少，你们可以多找一些。

瑞瑶：我不同意你的观点，我们当时就想多放一些诗词，可后来刘之谦的妈妈说放得太多字就太小了，所以我们就只放了两首诗词。

……

儿童是节气文化传承的重要力量，为此我们要积极实现节气活动的重心下移，实现节气活动与班级文化建设整合融通，让学生在群体活动和小队活动中进一步成长。

人文开发，以探究丰富精神内涵

人文资源开发，在生活中非常常见，如民俗、节庆、历史资源等，但似乎也特别容易被忽略，因为大家像是落入了某种怪圈，总感觉做不出新意，出不来效果，因而有意无意地淡化了此类型资源的开发与教育。我们认为，人文开发，需要以探究丰富的精神内涵为目标。

精神内涵

"新基础教育"认为，学生所在具体国家、城市、地区有其丰富的历史文化资源，其富含着的人文资源都可以成为学生关注、研究和开发的内容。我们认为人文资源的独特育人价值在于能够丰富学生的精神内涵。

1. 内容习得价值。就是通过学生自发自主地展开对文化历史的学习，了解文化的博大精深，提升自身的文化素养，并在学习方式、学习结果上有新的收获、新的发展。

2. 文化传承价值。就是要在文化学习的基础上自觉地接受文化熏染，按一定的文化规则学习和生活，并结合实际对文化进行传播，让文化精髓能够流传。学生在其中扮演文化使者的角色，并通过传播与分享了解更多的文化类型。

3. 时代创新价值。在不同的时期，尽管文化的内核稳定不变，但文化的表现方式、呈现形式依然可以有不同的内容，要鼓励学生发挥创造性，赋予传统文化新的精神内涵。

实践探究

实践方面,如何有效性地开发文化资源,充分挖掘其中的育人价值呢?结合张老师的活动,我们认为要特别鼓励全体学生进行具体实践探究。

1.整体规划。前面提到文化资源众多,如果不加以分辨,通通照单全收,很有可能没有价值,反而会反复繁琐形成负担,因此班主任老师一定要进行统筹规划,结合本班实际,有选择性地开展相关活动,一方面要保持一定的节律,不能太多太满,另一方面要考虑年段特点,围绕同一文化资源,在不同年段构建不同的教育主题,提出不同的教育任务,不要同一个节日,年年都过,年年一样过。

2.实践探究。对文化资源的开发常停留在资料搜集层面,这是不够的,青少年学生更需要的是体验实践,因此要广泛深入地动员学生加入到相关活动探究中来。张老师特别可取的一点是,为各个小队明确了具体的活动任务,无论是"进田间、知农事",还是做"立夏五色饭"、品尝"地三鲜树三鲜",还是在玩吃蛋、绘蛋、斗蛋,都巧妙地将立夏文化融入到具体有趣的活动中来,不仅调动了学生的兴趣,而且深化了学生的体验。

3.合作共享。文化是博大的、多元的,文化的生命力在于交流,在交流中学生们对文化的不同样态、不同表现形式就会有更多的认识,这有利于他们对文化的理解与认同。张老师组织学生围绕立夏进行不同侧面的开发分享,同时强调小队之间的互评,有利于克服盲区,深化认识。

附 录

不同主题的班级活动设计指南

类型	教育主题	育人价值	教育要求	活动建议
组织管理类	以民主培育公共素养	培育公共管理素养、公共服务素养、公共评价与监督素养	丰富学生对社会角色的认知与适应，体验权利与义务的平等，为未来参与民主生活提供基础与启蒙	小岗位活动、小队活动、班干部活动、双班委活动、社团活动、校级岗位活动
文化建设类	以创造提升集体情怀	集体凝聚价值、集体激励价值、集体制约价值	通过建设班集体，培育班级群体个性，提升学生团队意识、创新精神、审美能力	班级环境美化活动、班级精神凝练活动、班级标识亮化活动
社会拓展类	以交往扩大成长空间	扩大学校成长空间、扩大家庭成长空间、扩大社区成长空间、扩大社会成长空间	通过主动介入，促进班级与学校、家庭、社会有效互动，引导学生主动参与，培养学生主人翁意识和相应领导力	学校主题争优活动、家校共建活动、社区学校共建活动
自然探索类	以共生更新生活方式	知识探索价值、愉悦身心价值、陶冶情操价值	通过开发自然资源，拓宽学生班级活动空间，认识自然、热爱自然、保护自然，更新生活方式	自然学习活动、春游与秋游活动、环保公益活动
人文开发类	以探究丰富精神内涵	内容习得价值、文化传承价值、时代创新价值	在文化学习的基础上自觉地接受文化熏染，并结合实际对文化进行传播，扮演文化使者的角色	本地风俗人物探访，传统节气庆典，世界性节日赛事活动

第三章

真交往，真体验

在交往关系中丰富成长体验，是班级活动育人的重要组成部分。"新基础教育"强调学生活动，主要不是个体单独的活动，而是倡导合作性的小组和群体活动；同时鼓励学生与不同相关人群广泛联系和沟通，争取他们为活动提供物质基础、智力支持和精神鼓励，究其原因，就是希望在活动过程中不断强化和丰富学生的关系空间，拓展资源，促成活动的开展，让学生获得积极的成长感。

本章围绕班级艺术展演、亲子假日活动、学生校外融资等内容，精选了五个活动案例，呈现了班级学生交往的五种类型：同学交往、师生交往、亲子交往、社会交往和综合交往，并从班级教育角度提出了不同关系交往开发的努力方向。

你是我的 super star

深圳市光明区实验学校　黄柳娟

　　班级同学关系是中国学生班级日常生活中最基本的关系形态，乃至于延续终身的友谊。这一关系的形成与发展，直接生成着学生的生存形态与发展内涵。

　　　　　　　——李家成:《班级日常生活重建中的学生发展》，第70—71页

　　"明星闪亮"是学校一年一次专门为学生提供的竞演舞台，目的是让学生能自信地在这个舞台上展示自己的风采。经过多年的积淀，这个项目已经成为学校的德育特色之一。

　　在具体的组织过程中，以往的准备工作都是由一些有艺术特长及对表演感兴趣的学生自行准备节目，再由年级组长进行海选，通过海选后就取得表演资格。我班学生共54人，去年参与的同学并不多，只有5个节目，共17人参加了海选；最终被选上进入竞演的节目只有2个，人数为8人。究其原因，一是部分具有艺术特长的学生没有参加，所以节目水平不高；二是表演形式单一，以唱歌为主；三是大多数同学对"明星闪亮"不感兴趣，没有参与的愿望。

　　"'新基础教育'关注的是全班学生的成长，是在全体学生发展的背景

下认识个人和群体的相互制约、相互滋养关系。"[①] 参与"新基础教育"实验后，作为班主任，我一直在努力提高学生对各类活动的参与率。如何让所有学生参与这次"明星闪亮"的舞台表演，成为一名"super star"（明星），是我需要解决的问题。

先行者谋划

先行者是指本班学生中组织能力较强并具有一定艺术特长，且愿意与班主任一起为本次活动出谋划策的学生。这些学生是本次活动的核心人物，起着关键的作用。

本次"明星闪亮"竞演时间为 2015 年 4 月 10 日，为了提高节目的水平，3 月 18 日我召集了这些先行者共 8 人组成智囊团，初步确定舞蹈、二重唱、相声及时装秀四种不同的表演形式，组成四个项目组。智囊团的同学任各项目组负责人，进行人员招募，学生自主参加各项目组，并确定具体表演内容和表演方式，接着开始组织训练。几天后统计，共有 22 个学生参加，仍有 32 个学生没有参加任何项目组，智囊团的同学对这 32 个学生的兴趣和特长进行了调查。结果如下：

感兴趣有艺术特长的 9 人，感兴趣无艺术特长的 18 人，不感兴趣有特长的 2 人，不感兴趣无特长的 3 人。据统计，对表演不感兴趣的原因主要有四个：第一，有特长的同学觉得自己的特长不适合表演这四个节目，如有乐器类特长的同学，因为独奏比较单调，合奏难度高，因此这次没有乐器类节目；第二，一些没有艺术特长的学生缺乏自信；第三，小部分同学的性格内向，不爱张扬；第四，节目人数有限，部分学生无法加入感兴趣的项目组，比如说相声。

---

① 李家成，李晓文．"新基础教育"学生发展与教育指导纲要 [M]．桂林：广西师范大学出版社，2009：316．

项目组优化

本文中的项目组是指以参加本次"明星闪亮"表演为目的的艺术小组。项目组内的学生在活动中互相合作、相互学习，平等、有创造力，这将使每一个个体呈现其个性的内在丰富性和在群体中的不可缺失性。

1.项目组节目的优化和人数的扩编。各负责人组织现有组员讨论，尽可能让更多的同学参加本组的节目，如：舞蹈由6人增至12人；二重唱打算邀请男同学加入；相声变通为双簧群口相声；时装秀改为环保时装秀，利用废旧材料制成衣服，原因是环保、成本低，只要有兴趣的同学都可以参加，不需要经验，门槛低，对人数没有限制。（如下表）

项目	策划	
	优化方案	扩编人数
舞蹈	大多数成员舞蹈功底不太好，打算邀请有舞蹈基础的同学加入，如学校舞蹈队、健美操队及在培训机构学习舞蹈的同学。	6
二重唱	唱二重唱的难度较大，班里的同学达不到要求；本班有接近10位男同学是学校打鼓队的成员，所以决定增加打手鼓的成员，用鼓点来配合这首欢快的歌曲。	4
相声	现有成员中，有的同学擅长表演但说话没有相声味，需要一些能说的同学加入，为了节目的丰富性和可观赏性，计划把相声改为双簧相声，能说的说，能演的演。	5
时装秀	为了节约成本及更有创意和意义，把节目定为环保时装秀，打算号召同学们从家里带一些废旧材料来，全班同学一起参与衣服的制作只要是能走秀的同学都可以参与表演。	不限

2.项目组的自我宣传。有的学生从未参加过舞台表演，对自己能否表演充满怀疑，为此项目组首先制作了宣传海报、拍摄训练视频做成宣传片，让

同学们更加了解他们的准备工作，作出欢迎的姿态；其次由没有艺术特长但已经参加节目组的同学现身说法，证明表演是有趣且很容易做到的。这一策略大大激发了 32 个未加入项目组的学生参与的信心。

全体互动解决

作为一种学习模式，问题解决是在教师指导下学生自己进行的活动。3月 25 日，我们举行了一次解决问题的班会活动，本次活动需要解决的关键问题是如何让所有学生加入最适合的项目组。在过程中，学生要综合运用多种方法来解决问题，如具体情况分析、判断、综合、交流等，在解决问题的过程中实现学生能力的发展。

1. 双向选择。根据各项目组对新加入人员的特长要求，先让有特长的学生选择适合的项目组参加，如舞蹈、二重唱。全体同学对于无特长的学生进行特长挖掘，如有学生建议 8 位国旗队的学生加入时装秀项目组，这一建议得到认同。见此情景，篮球队的同学也主动加入时装秀组。接下来陆续有同学提议自己或他人参加相声项目组，由于人数较多，由相声组成员对这些同学进行考核评价，从中选出最适合的 5 个学生。

2. 开辟新节目。目前为止仍有 7 个同学没有加入任何项目组，其中有 2 个是比较腼腆、不太喜欢表演的同学，有 4 个是体育团队的同学，1 个是会武术的同学，此时各项目组的席位已满，如何让所有同学都能上"明星闪亮"，同学们进行了热烈的讨论：

钟同学：我觉得可以再增加一个全班同学一起表演的节目，这样这 7 个同学也可以上了，比如唱 S.H.E 的歌曲 Super Star，由会唱歌的同学在前面领唱，其他的同学合唱。

余同学：除了合唱，也可以跳一些简单的舞蹈，比如我们班上次亲子表演的广场舞动作就很简单。

叶同学：但我们班有些同学确实不会跳舞，特别是男同学，还不如让大家根据自己的特长，在台上表演自己的拿手绝活。

陈同学：我赞成，既然这首歌是 *Super Star*，不一定就是唱歌、跳舞，也可以是体育明星，我们班有很多体育团队的同学，他们可以表演花样跳绳、篮球等。

黄同学：我会武术，我想我可以表演少年拳。

夏同学：我们班有几个同学没有表演经验，我想跟他们一起戴面具上台表演唐僧师徒，这样他们就没那么紧张了。

结果与评价

在经过年级的海选后，我们班的五个节目有四个进入最终的竞演，相声节目因对手实力太强，没有进入竞演阶段。4月10日，所有学生参加了这一次"明星闪亮"的竞演，取得了可喜的成绩：二重唱及舞蹈获得一等奖；时装秀获得最佳创意奖；全班大型节目 super star 获得最佳组织奖。同时也获得了来自老师、家长及学生的赞誉和高度评价。

比赛结束后，我们组织了总结班会，同学们对自我的评价普遍提高了，如相声项目组的同学在总结班会中说道，虽然别的相声节目实力很强，但他们的相声表演形式是比较传统、老套的，而我们班的相声表演形式比较新颖：一是群口相声，二是加入了双簧的元素。没有被选上的原因是实力不够，我们班缺乏有相声特长的同学，存在语言不够吸引人、肢体表演不到位、爱笑场等问题。同学们对其他同学的评价也提高了。如有同学对首次参加表演的梁同学进行评价，认为以前的梁同学不太能融入班级，但这次他主动参与时装秀项目组，搜集了很多可以制作衣服的废纸，在表演时还自配了一顶小礼帽。更多同学表达了对活动本身的高度评价，在调查中，接近60%的同学认为该活动是首次尝试的班级活动，100%的同学认为这是很有成就感的班级活动。同学们提到最多的关键词有：尝试、自信、团结、挑战。

对于学生来说，这一次班级活动既开发了潜能，拓展了发展空间，也增强了学生群体动力，提升了他们的群体性自主发展能力。对于班主任来说，打开了工作的新思路，通过实践领悟到了要在班级活动中渗透人人平等、人人参与、人人合作的观念，让所有学生都能得到发展。

评　析

同学，学生发展的真伙伴

同学是学生在班级生活中最重要的资源，也是学生最天然的共同体。中国学生由于班级建构的特殊性，同学关系往往比较稳定，小学阶段一般会持续一年、三年甚至六年，同学关系的质量很大程度上影响了学生在班级生活的质量。因此，"新基础教育"十分重视同学资源的开发，结合黄老师的活动，我们认为同学交往应该加强以下方面。

第一，让小组成为学生活动的实施主体。

"新基础教育"班队活动非常重视以小队或者小组为单位组织开展，究其原因可能在于：其一相对于个体，小队更能体现社会性，更能体现团结合作，有利于全班参与活动的面，避免精英学生、明星学生替代现象发生；其二，相对于班级，小队包括岗位组、项目组，规模更小，更加机动灵活，效率更高，有利于调动每位成员的创造性和积极性。因此，我们认为小组是班级同学交往的主要形式，是班级主题活动的实施主体。

黄老师设计的 super star 活动，学生以表演形式划分，设置了五个项目组，很好地克服了学生个人的单打独斗，从实践效果来看也很好，解决了全员卷入的问题，这可能是传统明星学生、班委会无法替代的。

第二，让合作成为学生活动的有效策略。

仅仅成立小队或小组，只是为活动组织搭建了框架，仅仅依靠小队和小组的个别努力，也远远不能有效促进活动的顺利开展，这就需要以小组为单位，积极开展同学之间的交往与合作。首先是小组内部的合作与交往，小队长要发挥关键作用，调动组内成员的积极性。其次是增加组际之间的互动。当小组内部出现困难时，也需要其他同学或小组的帮助，这样的多重互动有利于汇集大家的智慧。

黄老师的班级项目组在先行者的组织下，面对小组扩编的问题，大家群策群力，根据本项目组实际，分别通过邀请专业人士、增加伴奏、节目改编等方式壮大队伍，体现了集体智慧。遇到仍然有 7 个同学没有加入任何项目组的新问题，充分调动小组之间的资源，甚至组织全班一起讨论，最终成功开辟了新的节目——全班大合唱，这样既解决了问题，又创造了亮点，最终成功拿到了最佳组织奖。

第三，让欣赏尊重成为学生活动的内在动力。

"新基础教育"提倡同学关系是"兄弟姐妹般""平等共存""共同创造""相互学习"，只有倡导欣赏尊重的同学文化，小组内部才能知无不言，小组和小组之间才能坦诚相待。倡导欣赏尊重，也可能成为班级和学生发展的目标要求，成为学生活动的内在动力。黄老师提出活动主题是"你是我的 super star"，每个人都上台展示，本身就很有标识和号召意义。每个同学都是班级的 super star，都是其他同学心中的 super star，其实是尊重每个人的权利，发挥每个人的智慧与创造，本身就蕴含了丰富的全纳思想，可能也正是在这种大背景下，每个人都愿意表达思想，贡献智慧和力量，从而促成了活动的顺利进行。

你好，寒假！

深圳市光明区爱华小学　巫丽莉

　　师生交往是学生班级日常生活关系不可缺失的构成。没有师生关系的日常生活，不是完整的班级日常生活。

　　　　　　　　——李家成：《班级日常生活重建中的学生发展》，第 81 页

　　一直以来，寒暑假这块处女地仿佛被撂荒了，任由学生自由生长，自由呼吸，老师们最常规的做法就是让学生完成一本统一订购的寒/暑假作业。表面上老师轻松、学生痛快。实则不少家长抱怨孩子作息懒散，每天浑浑噩噩，不听管教；孩子疯狂放松后渐渐发现没有小伙伴的日子很无聊、很无趣，只有看电视和玩网络游戏；开学后老师苦不堪言，心力交瘁地忙着给精神涣散的学生"收心"……

　　寒暑假是什么？虽然是假期，但不能仅是休息放松，漫长的自由时空更是师生学习的延伸，或者说是另一种学习。小学生心智尚未成熟，缺乏规划与自控能力，家长的时间、精力和受教育水平参差不齐，如果老师能够介入指导，让学生们过一个丰富多彩、充实有趣的假期未尝不是一件有意义的事情。于是，我和六（1）班的孩子们有了这场"你好，寒假！"的探索之旅。

在倾听、拓展与对话中生成活动方案

学生需要怎样的寒假生活？每个学生都会有自己的答案。倾听学生的心声，尊重学生的意愿和当下的状态，激发学生的主动性，强化学生的成长感，不断提升学生的成长需要，是创造充满成长气息的实践活动的前提，是师生交往最基本的方式。

通过"调查问卷"倾听学生的心声

在确定主题方向之后，为了让此次主题活动能够真正体现广泛的参与性，需要真正挖掘每个学生的真实想法，因此我以"你最希望怎样过一个别具特色的寒假"为题，从最具体实际层面入手，设计与发放调查问卷倾听学生的心声。

翻阅学生的问卷表，有的寥寥几个字，如"随便、和以前一样、作业少一点"；有的言简意赅，如"少一点书面作业，多一点实践活动"。言辞简单质朴，但很真实，我能感受到文字背后他们的心情，也可以发现他们对丰富多元的寒假作业方案缺乏了解。

拓展学习素材激发学生思考

为了开阔学生的视野，激发学生的思考，我把在常州看到的丰富有趣的暑假作业方案和在网上找到的有特色、有创意的寒假作业方案分享给他们，让他们畅所欲言，说出自己的感受和见解。有的学生说，我们可以看一些有益的电影和课外书籍来增长见识；好动的男孩说，我们可以打篮球和玩一些体育游戏；乖巧的女孩说，我们可以在家里做一些家务或者制作美食……学生的思维打开了，各种奇思妙想纷纷涌现出来，由此可见，学生并不是没有想法，而是需要一定素材作为基础才能促使他们去思考，"抛砖"才能"引玉"。经过一番头脑风暴，最后形成了全班性的方案。

项目	主题	作业内容
基础项目	"小小书法家"	购买一本字帖（建议买田英章或庞中华的楷书字帖，内容不限，不能买行书、草书等）； 坚持每天静心练习
	"欢乐共悦读"	《小河男孩》新蕾出版社 《奥兹仙境》广西师范大学出版社 《一只狗和他的城市》接力出版社 《乌丢丢的奇遇》江苏少年儿童出版社 《我们的元宵节》岳麓书社
体验项目	"春节寻文化"	仔细观察、比较，将你家（乡）独特的春节习俗记录下来 身在光明本地的同学可以去调查访问或上网查阅资料了解光明的"归侨"春俗文化
	"春节秀才艺"	可以用我们的才艺为家庭春节营造欢乐的氛围，也可以为毕业季才艺秀作好准备；可以是一个人的表演，也可以是几个人合作表演；表演形式不限

在示范激发与共享中实施活动方案

在围绕活动方案的策划、修改和完善过程中，师生、生生的交往不仅让大家得到了不同程度的收获，也促进了活动的顺利召开，为活动的进一步实施奠定了基础。

率先垂范，唤醒"沉睡"的展示平台

随着寒假的到来，学生们纷纷离开学校，离开老师，那么他们将会体验一种怎样的寒假生活呢？能否按照活动方案顺利开展活动呢？带着好奇与疑问，我静静地观察班级 QQ 群的动态，前几天多是一些学生们的闲聊，也许是刚放假，学生们都希望喘口气，好好休息休息吧。

QQ群"沉睡"了几天后，我尝试在群里分享一些别的班或别的学校的优秀寒假作业作品，提醒学生们可以参考、借鉴，由此主动地唤醒他们。慢慢地，学生们的作品开始"冒泡"了，毕竟初次探索新鲜作业模式，学生分享出来的作品还是比较粗糙，但我并没有打击他们，而是表扬学生大胆展示的精神，鼓励他们继续探索、体验和修改，当然，针对同学们普遍可能容易犯的错误，我也及时地给予温馨提示。

　　如关于"春节秀才艺"视频分享的温馨提示：第一，面向镜头，尽量大方自然，如果觉得害羞，可以选择适合自己的才艺，多彩排几遍，直到有信心为止，或者找人一起合作；第二，才艺视频的拍摄要做好充分准备，如选择适宜的场景，合适的光线，选用恰当的道具，穿得体的衣服鞋子，别穿拖鞋哦，除非你是演小品需要；第三，大胆尝试，逼着自己去学一学，练一练，不求完美，只求有进步有收获，有不一样的寒假体验，期待你的分享。

　　互动点评，激发共享的热情

　　逐渐地，越来越多的学生作品浮出水面，最后发展到被作业刷屏的地步，各种才艺视频、家乡特色年俗纷纷亮相。虽然质量不同，水平不一，但很明显孩子们都参与进来了，寒假生活面貌焕然一新，生机盎然。其实，学生的作品背后蕴藏着丰富的信息，隐含着多元成长密码，需要老师发现、欣赏、倾听和对话。例如，当第一个学生廖同学勇敢地展示出自己的寒假生活"美篇作业"时，我大力表扬他，并邀请全班同学一起评议，提出表扬的地方和改进的建议。当学习成绩不理想的庞同学羞涩地私传自己的舞蹈视频给我的时候，我跟他细细地聊，问他是怎么学会这么难的舞蹈的？衣服和配乐的选择有什么讲究？……再征求他的意见发到班群去。隔着屏幕我都能感觉到互联网另一端的他自豪喜悦的心情，相比成绩，孩子的自信心多么重要，能找到自己擅长的事情多么幸福，能得到知音的欣赏与肯定多么快乐！而作为老师，我在倾听、对话的过程中何尝不是收获了新鲜的知识，收获到了成人之美的喜悦。

在评价、辨析与提升中总结活动

开学了，学生们的寒假作业基本上都完成了，如何总结才能发挥出此次活动更大的育人价值呢？

在评价主体和评价方式的变革中呈现育人资源

以前，老师把寒假作业收上来，兢兢业业地审阅、打等级、写评语，学生拿到手上匆匆一瞥，收进书包。师生之间交往的模式是简单、静态和封闭的，没有对话，没有互动，没有激发与碰撞，寒假作业的育人资源在默默地沉睡。而创新师生交往的结构，把作业的评价权还给学生，丰富评价方式，将生成多元的育人资源。开学初我是这么做的：首先发放调查问卷了解学生对本次寒假作业的态度、收获和建议，因为只有立足于学生立场，知己知彼，才能为下一步引导学生评价、辨析和提升育人资源作铺垫。其次，我把寒假作业的评价权还给学生，全班同学平均分成大概 8 ～ 10 人一组的几个评委小组，分别检查不同项目的作业，再评选出优秀作业提名奖，然后在班会课上再由各小组互动、评价、投票，选出最佳作业名单。为了使评选和互动更有质量，我延伸了师生交往关系的半径，特别邀请音乐、美术等相关的科任老师进课堂观摩、指导，原本无色无味的作业检查摇身一变成了活色生香的分享大餐和颁奖盛宴，学生别提多高兴了，能量满满，干劲十足。

在对话和辨析中提升育人资源

班会课上，评委小组的总结汇报，现场师生之间、生生之间的互动交流尤为重要，这是助力学生在活动中成长的关键。老师要当有心人，心里装着学生的作品和背后的故事，在互动中适时引导学生发现同学的闪光点，及时聚焦并放大学生的光芒，提升育人价值。例如，庞同学的舞蹈获得最佳才艺提名奖，但是在最终的讨论与投票环节，有的小组并不选投他，原因是他拍摄的才艺视频背景太黑，衣服搭配过于绚丽，对此我这样回答："这样不是很酷吗？跟他的舞蹈风格很搭啊。"目的是引导学生学会在不同的声音中独立辨析，学会从多元视角看待问题。再如，黄同学的才艺作业没获得提名奖，在同学们的互动交流中根本没引起注意，而我却特别表扬他，因为他是全班唯一一个演奏乐器的同学，虽然这次弹奏还不够熟练，没被选上，但是希望他继续演奏下去，争取在毕业汇演的时候能大放异彩，而此时我注意到他的眼神中多了几分自信和坚定。

评 析

班主任，学生发展的引路人

班主任是学生生命成长的关键人。班主任往往是学生、家长接触的第一位教师，也是接触最为频繁的教师，对学生整体发展的影响最为综合、深远。为了学生主动、健康、终身发展，是班主任应具有的教育价值取向，而班主任工作促进学生发展，主要是通过引导学生参与实践活动和师生交往来实现的，因此在这个意义上，班主任应是学生发展的引路人。

第一，摆正关系，凸显学生在主题活动中的主体地位。

尽管班主任老师有很重要的引导作用，但不可否认，学生才是活动的真正主体，教师的每一步引导必须经过学生的主体过滤才能真正发挥作用变成行动。

在巫老师组织的活动中，我们发现几乎所有的方案是学生自己制订的，几乎所有的作品是学生自己完成的，几乎所有的总结评价是学生自己开展的，学生们在问卷调查、素材学习的基础上，逐渐有了观点的碰撞，有了自己的方案，最后有了自己的评价判断，学生是整个主题活动全程的主体。

第二，加强对话，发挥班主任在主题活动中的引导作用。

实践活动是学生成长所需的媒介和平台，而师生之间的互动交往才使体验活动有了生成性，才能够孕育学生的成长。结合"你好，寒假！"活动，活动之初如果没有巫老师的"倾听与拓展"，没有对学生现有发展状态的了解和当前成长需要的把握，就不可能设计出满足学生需要的活动；而活动过程中没有巫老师的"激发与共享"，学生很可能依然会在寒假里沉睡，或者进入无序、无助、无奈的状态，得不到最大程度的成长与变化；活动后如果没有巫老师的对动态过程中生成资源的"评价与提升"，活动中的育人资源就会沉睡或丧失，失去育人价值。

第三，注重评价，实现师生在主题活动中的共同生长。

"新基础教育"倡导成事中成人，要在促进学生参与实践中不断提升自己，更要通过组织各种总结评价强化学生的成长体验，尤其是班主任的正向积极评价具有不可替代的作用。巫老师对寒假作业的多元评价十分细致，富有成效，同时让人印象深刻的是她能看到学生的独特进步，并予以点拨强化，值得学习。

"新基础教育"还倡导在成人中成己，促进学生发展的同时，还要注重自我反思，提升和实现教师自我发展。巫老师在文章中反复提到自己的新发现、新成长以及收获成人之美的喜悦，所以在寒假这个教师本应该放松休息的时光，巫老师也愿意拿出来关注学生，促进学生。

当然，师生交往不仅仅只有学生与班主任的交往，也包括校内其他教师，如科任教师、教职工、学校领导等，都有可能成为学生的关系人。对此，要树立资源意识和开放眼光，鼓励学生在与不同教师、教职工相处中发现世界与"我"的关系，丰富情感与认识。

宝贝去哪儿

深圳市光明区长圳学校　邱惠明

学生随着活动的开展逐步将自己的生活世界拓展到家长群体中，在这一过程中，学生将建立起与其他家长之间的新关系……就内容而言，这将极大丰富学生的生活世界。每一位学生家长都是一个丰富世界的聚焦体，其背后的职业生活、社会生活、人生体验与智慧，都可以成为学生成长中的资源。

——李家成：《班级日常生活重建中的学生发展》，第 88 页

又到了 9 月开学季，我的小花花们告别一年级，变成了二年级的大哥哥和大姐姐。开学初，学校根据学生的年龄特点和成长需要，确定了二年级学生的工作重点是"小队建设"。以什么方式开展小队建设更能使学生得到发展？《班级日常生活重建中的学生发展》一书中提到"家长无疑是学生班级日常生活中最重要的关系人之一……学生与家长的关系将使学生获得更多的资源、支持与发展平台。这一关系的建立、发展与完善，就意味着学生发展的实现"[①]。

综合以上考虑，我们最终确定了开展一系列"宝贝去哪儿"的主题活动。

---

① 李家成. 班级日常生活重建中的学生发展 [M]. 福州：福建教育出版社，2015：85—88.

动员会

　　了解学生的真需要才能促进学生的真生活和真成长。我们先请班委会下发调查问卷让学生填写，问卷内容包括：周末你是怎么过的；周末你都跟谁玩；你最想谁陪你过周末；你最想去哪玩等。调查结果显示，我们班的家长大多数是外来务工人员，平时周末也有好多在上班，陪伴孩子出游的时间不多，孩子们都希望能跟爸爸妈妈和好伙伴一起出游。另外，根据问卷，学生对出游的地点也作出了统计。

　　我们接着举行了三场动员会，对家委会委员、孩子及家长分批进行动员。

　　第一批动员会，把家委会成员和班委会成员组织起来，成立"宝贝去哪儿"筹备委员会，第一项议程就是向大家阐明本次活动的目的。我出示了调查问卷结果，告知家长本次活动旨在让大多数家长加入我们的班级管理，让家长协助孩子们策划一些丰富多彩、有意义的课外实践活动，让学生在经历和体验中培养合作意识和能力，促进同伴关系和亲子关系，同时促进家校共育。会议的第二项议程就是讨论本次活动的活动地点和分组。根据问卷调查的结果，我们从中选出了五个比较具有代表性的方案——走进科技节，走进养老院，走进农家乐，走进户外运动，走进蛋糕坊。为了方便组织，我们决定按地域把全班同学分成五个小队。最后一个议程就是对筹备委员会进行分工，分别把委员们分到这五个小队中去，选出每组的负责人，负责人要在微信上建好家长群，把组员家长拉进来。

　　第二批动员会，利用班会课进行全班动员，调动孩子们参与到本次活动中的积极性。"同学们，我们班决定举办宝贝去哪儿的活动，走出校园，跟着爸爸妈妈还有同学们一起出游，你们想参加吗？你们愿意吗？""愿意！"

　　第三批动员会，利用班级群和家长会进行家长动员，这得到了全体家长的热烈支持。会上最终落实好了分组情况，每个家长都在队群里留下电话号码，同时我还在会上对家长们进行了小队活动内容的指导。

筹备会

首先，请每个小组的家长们先在群里讨论活动的具体事宜，同时派两名家长代表走进我们的课堂，跟小队的小队员们一起策划活动方案，每个小队都为自己的小队取了响当当的名字和口号，并选出了小队长和副队长。

其次，请来美术老师指导宣传海报和手抄报的制作。孩子们合力完成了各自的宣传海报，我发现孩子们真的很棒，他们自行选出几个画画比较厉害的同学先把图画完成，剩下的同学再帮忙涂色。因为老师要求各个小组的活动内容不能外露，所以大家都铆足了劲希望自己的小队是最棒的那一个。孩子们感受到了自己是小队的一员，在小队集体中感受到了竞争的快乐，合作意识和合作能力得到了发展。

各小队呈现出来的五个活动方案虽然有点粗糙，但还是基本符合我的预想，我给每个小组都提出了个人建议，家长们再次完善活动方案。随后，家长和孩子们开始分头准备活动所需的东西。

最后，我给全班同学布置了任务，参加完活动把感受或所见所闻以日记或手抄报的形式记录下来。

出发啦

温情小分队处处发挥了榜样的作用。家长这个后援团的作用发挥得淋漓尽致，他们以最快的速度完成分组建群任务，一星期内就联系好养老院，做好活动方案。魅力四射的 T 台秀，热情奔放的拉丁舞，英姿飒爽的武术表演，童趣十足的丢手绢游戏，得到老人们的阵阵称赞。他们还给爷爷奶奶们带去礼物，陪他们聊天，给他们按摩，对养老院进行大扫除，爷爷奶奶们很感动，有的老人流下了眼泪。家长和孩子们一回来就向我反馈，"爷爷奶奶们都乐开了花，我们大家都被感染到了，原来快乐是可以被传染的。""老师，爷爷奶奶们好可怜，很少有人来看他们。我下次还要再去看他们。""老师，今天我孩子跟我说，妈妈我以后一定会好好孝顺你和爸爸的，感觉孩子突然懂事了。这样的活动真的非常有意义。"

科技小分队也不甘落后，浩浩荡荡地来到了宝安科技馆，开启了奇妙的科技之旅。他们参观了一笔画、宇航服、镜子迷宫、鼓的力量、磁力线、脑电波、十月妈咪，体验了登月之旅和仿真灭火，还看了威力强大的龙卷风和刺激的4D电影《疯狂过山车》。最精彩的是机器人表演，机器人们又唱又跳，还会讲故事，让孩子们大呼过瘾……他们一整天都沉浸在知识的海洋中，参观活动过后，他们还对科技小制作产生了兴趣，组织了一次科技小制作活动。

亲近大自然小分队选择了去光明农场体验农家乐。几个小伙伴帮爸爸妈妈们搬运柴火，自告奋勇去抓鸡捞鱼，到菜园摘菜，还学会了包饺子。爸爸妈妈们也没有闲着，个个都是做饭的高手。吃饱了，小伙伴们一块爬树、荡秋千、用贝壳作画、玩游戏，跟爸爸妈妈们一起划船、骑自行车，还去田里面砍甘蔗和摘木瓜，把整个农庄和周边的山都溜了一圈。孩子们都感叹，大自然真的好美，跟着小伙伴和爸爸妈妈们一块出游，心情美滋滋的。

户外趣味小分队前往牛山公园举办了二（2）班首届亲子户外趣味运动会。美食小分队来到了蛋糕坊，参观了整个蛋糕制作的过程，还亲手做了两个蛋糕，大家发挥自己的想象力亲自裱花，感觉真的不一样。吃货们还专门留了一个蛋糕，因为第二天刚好是班里同学小禹的生日，全班同学一起分享生日蛋糕，共同为小禹同学庆祝生日，大家脸上都洋溢着甜甜的微笑，小禹同学都幸福得哭了。

分享会

活动开展了一个来月，每个小队成员们的心都紧紧地连在一起，每个同学都把自己的感受通过日记和手抄报的形式记录下来。在活动过程中，孩子们收获了快乐和友谊，小队有了一定的凝聚力。每个小队都出现了领军式的人物，我决定让这些孩子在家长的帮忙下带着小队的成员着手准备总结分享会。

分享会如期举行，户外趣味运动小分队把他们的游戏搬进了课堂；科技小分队通过照片分享了他们的快乐和感受，还分享了他们的科技小作品；温情小分队更是厉害，把现场变成了他们的大舞台，给大家表演了热情奔放的拉丁舞和 T 台秀；亲近大自然小分队还邀请妈妈们表演诗歌朗诵。分享会让孩子们领略了各自的精彩，大家对其他小组的活动都非常感兴趣。家长代表也发表了自己的感受，讲到了自己与孩子的成长，还讲到了自己交了许多大朋友与小朋友，很快乐。

分享会后，我们班的整个班风学风发生了很大的改变，家长们也紧密团结在一起，大家都觉得这一活动非常有意义，都希望能够把活动延续下去。我们召开了家委会会议，决定把"宝贝去哪儿"的活动作为班级传统活动，于是就有了"宝贝去哪儿"第二季活动。

评　析

家长群体，学生发展的后援团

家长无疑是学生班级日常活动最重要的关系人之一，家长还是学校教育的天然同盟军。家长与教师的目标是一致的，在学生发展上，家长能够对班主任老师起到参谋作用，在某些学校教育无法到达的领域，家长有先天的优势，从而形成学校教育的有效补充，共同促进学生发展，因此要高度重视家校合作，通过开展具体活动，鼓励家长参与到学生生活中来，不断发展亲子关系，让亲子交往成为学生发展的新型动力与资源。

第一，鼓励家长做好后援，在自主活动中帮助学生发展。

主题活动是一个系统工程，真正做好需要多方面力量的支持，特别要发动家长挖掘家长资源，为小队活动提供帮助与支持，让家长组成一个后援团，与孩子们一起出谋划策，提供活动内容、方式等建议，还可以提供活动场所。对于在校外开展的主题活动，家长们还会起到安全保障的作用，这些都为学生组织和实施活动提供了可能。

邱老师很早就意识到家长的作用，主动通过召开家长会，成立家委会，介绍活动意图与价值，获得了家长认同，然后又先后组织家长与学生进行具体活动的策划，帮助学生确定主题、地点、时间和相关内容，在具体活动中又组织家长做相应的后勤工作，甚至在总结分享会上还组织家长参与，有力地保障了活动的顺利开展，让家长真正为活动提供了物质保障、智力支持和精神鼓励，在学生通过活动发展自身的过程中起到了重要作用。

第二，鼓励家长做好伙伴，在融洽关系中滋养学生发展。

家庭中的亲子关系不仅影响整个家庭的气氛，而且直接影响孩子们的成长与发展，良好的亲子关系能够有效地促进父母与孩子之间的沟通交流，促进相互认识和理解，直接影响到孩子自我概念的建立、道德判断的形成、健康个性的发展，甚至影响到孩子的学业成绩。因此，要积极鼓励家长主动参与具体的学生活动，更要努力开展以沟通交流为主要内容的亲子活动，让家长放下架子、转变角色，与孩子们在活动中互相帮助，成为伙伴，通过亲子互动，让家长与孩子的关系更加亲密，沟通更加容易，培养亲子之间的默契，这对学生发展是非常有利的。

邱老师组织的活动中，无论是农家乐亲子一起做饭，还是公园里的户外趣味运动会，都有效地将亲子融为了一体，相信经过这样的活动，家长和孩子们的心情一定是美滋滋的。

第三，鼓励家长做好榜样，在主动成长中引领学生发展。

家庭教育中一个很重要的命题就是父母要与孩子共同成长，正所谓父母好好学习，孩子天天向上，其实引导家长群体参与班级学生活动，不仅是原有的父母与孩子的交往，而且扩充了新型的关系（有学生与其他家长的交往、家长与其他学生的交往、家长群体的交往），这些都极大丰富了学生与家长的生活世界。

邱老师组织的活动中，以家长为例，家长可以通过与其他同学的沟通了解到自己孩子的情况，也在与其他同学的交往中了解同时期孩子的成长需要；家长还可以通过与其他家长的交往获取别人的育儿经验，根据情况调整自己的育儿方法；当然也包括在参与活动中，家长通过打开相对陌生的领域，提升了自己的能力，发展了自己的爱好与兴趣，获得了相应的成长，这反过来会以示范的意义影响学生的发展。

融资，我们能行！

深圳市光明区玉律小学　徐苗佳

随着学生的发展，社区，乃至于全部的世界，都可能形成与学生的内在联系，或者说，已经内含着的联系性被发现、被实现、被加强和被完善。

——李家成：《班级日常生活重建中的学生发展》，第 89 页

体育节来了！去年的体育节上，学生们通过收集旧报纸、手工义卖等活动筹集经费，并用这些经费给学校里的运动健儿免费提供葡萄糖水。那么，今年的体育节，作为即将毕业的六年级学生，我们又能做些什么呢？有同学提出，体育节获奖后只有奖状，今年我们可以以六（1）班的名义设置一些奖项，并出资购买奖品。通过这样的方式，一方面扩大班级的影响力，另一方面也为后续将六（1）班的公益精神和理念传承下来打好基础。这个提议得到了大家的认可。

距离体育节还有半个月的时间，但是目前手头上没有经费，如何买奖品？这成了摆在孩子们面前的一道难题。是否通过再次开展义卖活动来赚钱？这个想法浮现在部分孩子的脑海中。在多次的活动经验中，孩子们已经掌握了通过义卖来筹集经费的方法，然而有部分孩子提出了不同看法：每次都是通过义卖来筹钱，还有没有其他方法？作为班主任，我也在思考，能不

能让孩子们在赚钱的基础上得到更多的学习和锻炼呢？

"融资，我们需要怎么做？"

一开始，孩子们打算通过"拉赞助"的方式来筹集这笔经费，我想让他们走出学校，和社区、商家打交道，也是锻炼他们的一种方法。然而，由于准备不充分，他们向商家提出"拉赞助"的想法后，被商家毫不留情地拒绝了，这对原本信心满满的孩子们来说是一个不小的打击。我一方面安慰他们，一方面和他们想办法一起探讨：让商家们白白拿出这些钱来赞助我们，确实是有点难，毕竟他们并不是很理解我们在做什么。能不能换个角度思考，他们如果帮我们筹集到了这笔经费，我们又能给他们带来什么利益呢？另外，能否只让每个商家拿出一点钱，多找几个商家凑齐所有的经费呢？在引导孩子思考的过程中，通过学习与交流，我也逐渐意识到，这种筹集经费的方式可用金融界的一个术语——融资来形容。也就是说，其实我们可以用融资的方式来筹集经费。

我组织学生初步了解融资的相关知识，他们都很兴奋，但很快就意识到还存在一个问题：如何吸引别人来投资呢？别人投资后，能得到多大的利润？

这一次，孩子们需要考虑的问题可不少。以往，策划的只是一个活动，比如策划手工义卖，虽然从前期的准备、宣传、组织、活动现场等也涉及很多环节，但只是单纯的一个活动，但是这次要策划的是一系列活动，还有很多从没接触过的东西，对孩子们来说难度挺大。面对这样的难题，孩子们信誓旦旦地说："老师，我们可以的。"借助思维导图，我和孩子们一起理清了活动的思路，各个部门分别领取任务：宣传部对奖项的情况进行调查并负责奖项、奖品的设置和奖状的设计；会计部的孩子进行奖品的预算和后期义卖活动物品的预算，为此他们除了在网上了解商品价格，还特意到批发市场对所需商品进行实地考察；外联部和学习部的孩子讨论并制订出融资方案，准备好融资合同，并负责制作邀请函邀请商家和家长；而活动部则对后期的义卖活动作出具体的活动策划。

分工清楚，每个部门都有自己的职责。根据部门领取的任务，每个孩子都积极参与到活动的筹备中，一切有条不紊地进行着。一切准备就绪后就到了最紧张、最激动人心的时刻啦——融资大会！

"融资大会，我们来开！"

2016年11月29日上午，我们邀请了考虑投资的商家和家长，组织开展"融资大会"。活动分为三个环节：

环节一：各部门介绍融资大会的活动方案。先由各个部门的代表分别上台汇报活动方案以及活动进展。首先是宣传部的同学展示了"体育节专项奖"的海报，出示了他们设置的五六年级关于跆拳道比赛和手球比赛的团体奖项和个人奖项。其次，会计部的同学根据宣传部所设置的奖项设置了相应的奖品，并进行了经费预算。接着，由外联部和学习部的同学介绍本次活动最重要的环节——融资方案。他们说明了本次融资所需的金额，以及所筹这笔钱的用途。他们提出，打算后期通过圣诞节义卖活动让投资的商家们有获取利润的空间。如果最后能获得利润，利润部分将以"五五分成"的方式，其中一半的利润由班级获取并作为公益基金会的费用，另外一半的利润由投资者们获取，并根据各自投资的比例进行分配，他们还向商家们展示了初步拟好的融资合同。活动部同学则努力地说服商家们进行投资，除了有丰富的经验，他们还作了充分的准备，从进货价、预售价、预计赚取总额等数据进行了详细的说明。

环节二：商家针对活动方案进行提问，各部门回应他们的提问。以下是这个环节的实录。

商家1：你们打算开展圣诞节义卖，如果东西没有卖完，你们会怎么做？

商家2：如果投资，什么时候可以拿到本金和收益？

商家 3：你们如何确保经费的公开透明？对于资金的使用情况你们打算如何处理？

（部长领取问题任务，各部门进行思考，讨论如何回答商家的问题。）

外联部代表：我们负责回答第一个问题——如果东西没有卖完怎么办？我们是这样计划的，由于我们是在 12 月 18 日开展圣诞节义卖活动，离圣诞节还有一个星期的时间，如果当天卖不完，可以利用圣诞节前几天的时间拿到学校来卖。可以在中午 1 点半，利用午练前的时间卖给学校里的同学，或者卖给小店的老板，让他们帮我们卖。

会计部代表：我们负责回答第二个问题——什么时候可以拿到本金和收益？我们预计在这学期结束之前，也就是 2017 年 1 月 10 日之前归还大家的本金和收益，尽量让大家有利润可以赚。到时候有可能的话我们会开展分红大会，让大家一起来分红。

学习部代表：我们负责回答第三个问题——如何确保经费的公开和透明？我们打算建立一个 QQ 群，到时会把支出和收入情况在 QQ 群里公开，大家也可以派代表对我们的活动进行监督，我们保证会把所有的情况都公开给大家。

环节三：商家们表明投资意向并签订融资合同。经过思考和讨论，商家们在表明他们的投资意向后，上台和财商学院的代表签订了融资合同。

财商学院的孩子们最终如愿筹集到 1000 元的资金，融资大会在大家的掌声中圆满结束。

"我们赚到钱，一起分红啦！"

融资大会结束了，但是活动并没有结束。孩子们用融资筹集到的一部分资金购买了体育节专项奖的奖品，在升旗仪式上为获奖班级和个人颁奖；其余的资金作为本金到批发市场进货，购买了一批圣诞节用品，并在圣诞节前夕开展了义卖活动。义卖活动中孩子们表现十分积极，活动效果也出人意料的好，在孩子们的努力下，他们把所有的东西都卖了出去，最后一共卖了1750元，除去1000的融资金额，还赚了750元，也就是说，每投资100元，净利润是37.5元，利润高达37.5%。

圣诞义卖活动结束后，2017年1月5日下午我们召开了"分红大会"。商家们高度肯定了孩子们的表现，还大方地把活动中赚到的利润捐给了"六（1）基金会"。就这样，"基金会"有了第一笔资金！

孩子们总结了整个融资过程中的收获，有孩子说："在融资活动中，我学到了很多新的东西，除了懂得了什么叫'融资'，还学会了跟外面的商家们打交道！""这是我们两年多来开展过的难度最大的一次活动，以前的活动只是单个活动，这次的活动涉及很多内容，还有很多从来没接触过的东西，但我们还是能做好，我感觉很自豪！"

家长也对我们的活动给予了高度评价："昨天以投资者的身份参加了六（1）班财商学院的融资大会，同学们给我上了一节经济学课程，我才略懂一二。同学们对融资投资的话题都能作出详细的解释和分析，对投资者提出的疑问也能一一解答。这节课让我感受到同学们对活动的组织和策划能力有了明显的进步，语言表达能力和应变能力也有所提高，将来我们班会有不少企业大老板哦。"

一系列活动下来，从体育节专项奖的设置、奖品的购置、颁发，到融资大会的筹备，圣诞节义卖活动的开展，再到后期召开的分红大会，环环相扣、层层递进，整个系列活动也拓宽了学生的交际面，学生的统筹能力、协调能力、问题解决能力等多方面的能力都得到了提高。

社会人士，学生发展的加油站

在校园生活中，学生之间的交往只是局限在同班同学的交往中，作为班主任可以适当组织相关的活动，打破学生的交往圈子，为学生创造更多的与人交往的机会，尤其是与真实社会人士交往的机会，这有利于促进学生的社会性发展。结合徐老师的活动，我们认为组织学生与社会人士交往应注意以下方面。

第一，充分认识社会交往的丰富性，为学生活动提供资源支持。相比家庭与学校，广阔的社会蕴含着无穷无尽的人力资源、物力资源和财力资源。这是学生开展活动最好的可能。作为新时代的公民，一定要从小树立积极的资源意识，懂得从社会中甚至通过国内国际、网上网下等多渠道进行资源配置，让不可能的事情变成可能，这对于学生活动的开展、学生发展的实现是非常有益的，徐老师正是认识到这一点才组织了融资大会，将班级活动所欠缺的资金向社会筹措，不但解了燃眉之急，更在其中促进了学生与商家的专业交流，拓展了学生的专业思维。

第二，充分认识社会交往的现实性，为学生发展提供真实环境。我们通常说班级学校是个小社会，这里的小社会带有模拟性质，相对于小社会而言，真实的社会交往现实性非常明显，表现之一是付出与回报的对等，排除公益目的，社会人士的付出一定要有相应的回报，会对对方提出相应的责任，这种现实性对于处于象牙塔里的学生而言是个很大的挑战，但恰恰是这种挑战形成了相对的张力为学生活动及其发展提出了更高的要求。

在融资活动中，学生先是拉赞助受到了冷漠对待，然后又从回报的角度想到了投资融资，这本身对学生就是教育，而在融资大会的召开过程中，五个商家代表的提问既尖锐又真实，各个问题都直指学生的痛点，对学生思维提出了巨大的挑战，怪不得学生感慨，"这是我们两年多来开展过的难度最大的一次活动"，当然也可能是学生收获最大的活动、体验最深刻的活动。

第三，充分认识社会交往的复杂性，为学生交往挑选合适对象。与社会交往丰富性相对的是它的复杂性，社会中必然会有很多泥沙俱下、良莠不齐，如果一股脑儿不加甄别地全部引入，必然会起到反教育的作用，因此就要求班主任等教育者保持相对警惕，一方面要适度开展此类活动，不宜无节制完全开放，另一方面要对社会资源有所选择，提高教育的正向作用。

徐老师在活动中引导学生邀请了 10 个商家，其中有些本身就是家长，应当是有挑选的。正因为这样，商家们大方地把分红全部贡献给了财商学院，所以这本身就是有激励和公益意义的。

小蛋糕，大成长

深圳市光明区光明小学　林小燕

对于学生而言，他在班级日常生活中建立着与物理环境、社会组织和文化等多层次的关系，建立着与物、事、人的多类型关系。关系的质量体现着学生的发展状态；关系的发展，就意味着学生的发展。

——李家成：《班级日常生活重建中的学生发展》，第70页

"手拉手，携爱共成长"爱心系列活动是光明小学传承了20年的传统活动，每一年都如火如荼地举办，其中义卖会是最受孩子们喜爱的活动，但在以往的活动中，低年级的学生动手能力较差，老师、家长的替代现象比较严重，学生一直处于被动状态。因此，希望通过本次活动，让孩子们通过自己的努力，做一些力所能及的尝试，并在其中聚集家长、学校及社区等多方资源，让学生开展多元综合交往，体验活动的快乐，感受自身的成长。

面向学校，调查采访

"今年义卖卖什么？"孩子的一句话引出了话题。二（6）班孩子们七嘴八舌地议论开了，对我触动最深的是三个孩子的对话。

孙同学：义卖会年年都有，难道我们年年都从家里拿一些旧物品过来卖吗？这样多没意思啊！

许同学：是啊，要不我们自己做点东西来卖？

谢同学：可以啊，我妈妈会做发夹，要不我们就做发夹来卖？

孙同学：你这个想法挺好，但是发夹一般只有女孩子买，我们能卖多少呢？

许同学：我妈妈做的蛋糕可好吃了，要不我们尝试着做蛋糕怎么样？

以这三个孩子的对话为契机，我征求了全班孩子的意见。孩子们一致认为通过自己动手制作蛋糕更有意思，他们想尝试。既然做蛋糕来卖，就要考虑到市场的需求，能卖多少。这些问题都需要进一步了解，有了初步想法后，孩子们分小队设计调查问卷，准备在全校铺网式进行调查采访。

"老师（同学），您好！我们班想在义卖会上做蛋糕售卖，请问您有兴趣吗？"为了有效开展蛋糕坊活动，孩子们在全校作了一个全员调查采访，采访对象包括老师、同学、校工、保安、后勤工作人员等。孩子们分工合作，以小队为单位，一个小队负责一个年级的调查工作，在两天的调查过程中，孩子们与不同年龄、不同职业、不同性格的人接触，交流采访，在采访过程中他们既要克服自己内心的紧张，又要学会自信地表达，不但要突破自己内心的恐惧、害怕、羞涩，还要学习沟通的技巧，得到了很好的锻炼。

吴同学：刚开始我都不敢去采访，后来黄同学鼓励我说没什么可怕的，不去试试怎么知道呢。所以我就慢慢地尝试去问了一位老师，老师很客气、耐心地回答我。我后来想，如果我不去问怎么知道别人买不买呢？怎么知道别人喜不喜欢呢？

赵同学：我采访的是一年级的同学，连续问了三个同学，他们都不理我，我刚开始感觉很难受，原来被拒绝是这种感受，后来我想，如果我就此放弃，那我的采访怎么完成呢？后来我试着再去问问别的同学，居然成功了，原来做事不能轻易放弃啊！

全班孩子在全校大张旗鼓地采访了三天，也引起了学校老师们的注意。信息中心的陈主任说："哇，你们班真的做蛋糕啊？真的卖蛋糕啊？能自己做吗？全校都能看到你们班孩子的身影。好厉害呀，你们是准备开展大型的活动吗？"

全班孩子共调查了800多人，其中368人有购买意向。这些数据给孩子们增添了一份信心，看着这些数据，孩子们信心满满地去策划下一步的活动了。

走入社区，筹措经费

做蛋糕，就要考虑工具、材料、资金等方面的来源。工具许同学家可以提供，但是材料需要孩子们自己去找。涉及材料就涉及资金，这笔钱又从何而来呢？全班就资金问题又开展了一次"资金筹备会"班会活动，孩子们热烈讨论，想方设法寻找赚钱的机会。

遵循孩子们的想法，我请大家按照各自的想法和方式赚取材料成本资金，孩子们也真的做到了。有的参加了"小鬼当家"的卖报活动，有的帮父母做生意，有的帮忙家里做家务……在这个过程中，孩子们有不同的体验，有的体验到了父母赚钱的艰辛，有的体会到了父母每天为家里付出的劳累，有的学会了做生意的技巧，更多的是突破了自我内心的胆怯。

小迪：我在护肤品店打工赚钱，原来卖东西还要大胆、嘴甜。

小莹：我和小媛一起到市场门口摆摊卖玩具，我们觉得蛮有趣的，当时很多人围着我们，觉得很好奇，说这么小就出来做生意了。大家了解我们是为爱心义卖筹款之后，就纷纷带小孩来买我们的玩具。

小龙：这周我一直承包家里的卫生工作，真不容易啊！原来妈妈每天都这么辛苦。

小政：我是学习用气球捏小狗造型拿出去卖，当时我不敢问那些大人要不要买气球，有点害羞，后来到广场上卖气球的时候，我想想又觉得没什么大不了的，就尝试着去问别人，当然也有些人拒绝，但多问几个还是卖出去了。

孩子们通过自己的努力，在这次活动中一共筹备了 536.8 元。这 536.8 元有着特殊的意义，蕴含着孩子们的汗水和努力，绽放着孩子们的自信与智慧。根据预算需要 800 元，还差 263.2 元，于是孩子们做了一个大胆的举动，跟校长申请一笔资金。这是需要勇气的，恰恰也说明孩子们具备了问题解决的能力。

联系家长，学习制作

2016 年 3 月 30 日下午，在老师、家长以及学校保安人员的护送下，孩子们来到社区活动中心跟许妈妈学习制作蛋糕。初次学习，从简单的入手，先分批学习裱花，孩子们个个热情高涨，难掩兴奋之情，幸福地享受着这玩耍般的学习过程。

第二次的学习具有挑战性。在制作过程中最艰难的是分离蛋白蛋黄的阶段，要非常细心仔细，因为蛋黄一旦掉进蛋白中，蛋白就无法打成泡沫状，也就意味着蛋糕做不成，所以孩子们小心翼翼地互相配合着，成功了的小队在欢呼、呐喊，失败了的小队感到伤心难过，悄悄地掉下眼泪，不甘心，不放弃。

第三次的学习是在前两次的基础上加强巩固，孩子们按照步骤用心制作，并用心把每一个过程都记下来，总结为"一称二筛三分四打五拌六烤七裱花"。心灵手巧的孩子们用心学习，暗地里把制作步骤背下来，谨记每一个步骤，互相配合，在实践中不断提升动手能力。

第四次学习制作是在义卖前一天的晚上，为义卖准备最终的成品。当烤箱里散发出浓浓的香味时，孩子们个个手舞足蹈，无比欢乐。每一个蛋糕都是孩子们的用心制作，每个人的脸上都洋溢着开心的笑容。孩子们的笑脸让我感受到：成长是在实践中体验，是在实践中体会，只有真实践才有内心的触动，才能激发他们的生命成长。

走进现场，智慧义卖

孩子们一边在学习蛋糕制作，另一边也开始紧锣密鼓地策划宣传，正如他们所说："我们制作好蛋糕，还必须让人知道在哪里卖，要做好宣传工作，让所有人都知道我们的蛋糕里散发着爱的味道。"

孩子们分工合作，做出了宣传海报，张贴在学校的宣传栏。宣传部的同学负责写好宣传稿，到红领巾广播站去宣传。为了更好地组织义卖，其他同学则精心设计了宣传标语："走过路过不要错过，美味蛋糕任你挑""一份蛋糕，一份爱心"。结合义卖现场会的工作需要，我与孩子们商量设置了相关小岗位，大家根据自己的意愿自主选择报名。（如下表）

岗位	A组	B组	职责	备注
展示岗位			现场表演裱花	每个岗位都分为AB两组，2：30～3：30 A组同学执行岗位工作，B组同学自行去购买商品；3：30～4：30 B组同学执行岗位工作，A组同学自行去购买商品，4:30集合。
售卖岗			分为固定摊位、流动摊位介绍售卖货品	
收银岗			负责收银找零	
吆喝岗位			负责吆喝宣传叫卖	
环保岗位			负责卫生保洁	
小摄影师			负责收集照片	
秩序维护员			维持摊位秩序	

义卖当天，有两千多人参加活动，场面十分热闹，我们的摊位更是热火

朝天。由于前期准备工作充分，很多人对我们的蛋糕早有耳闻，纷纷过来看个究竟。孩子们看到这个场面，高兴之余，并没有乱了阵脚，而是按部就班地有序开展。售卖、收钱、宣传，还要做好环保等工作，每一个细节都做到有条不紊。为了分流人群，同学们还组织了流动摊位，流动摊位由各个小队抽出四个人去售卖，其中两人负责吆喝，一人负责收钱，一人负责端蛋糕。这样的售卖形式对孩子们是一种很好的锻炼，不仅能给他们壮胆，而且也锻炼了他们的合作能力。

结果，义卖取得了圆满成功，800个蛋糕供不应求，全部销空，我们班成了义卖场上的明星班级。

评　析

综合交往，学生发展的大舞台

看完林老师的"小蛋糕大成长"，不禁感叹一个小学二年级的活动竟然可以如此丰富，如果一定要给这个活动定位的话，那么应该称之为综合性交往。顾名思义，综合性交往就是学生在具体活动中开展的与班主任、家长、校内师生、社会群体等多种人群的多重性交往，它是各种交往的复合形态。正因为如此，它也具有单一交往所不具备的综合性价值。

第一，为学生活动提供综合性支持。正是由于多种交往关系的存在与发展，学生活动所必需的资源才能够得到足够的保障。在林老师的活动中，校内师生为蛋糕活动提供了对象性资源，家长为学生活动提供了保障性资源，社区为学生活动提供了辅助性资源，而班主任、科任老师则为学生活动提供了指导性的专业资源，这不仅能保证活动的顺利进行，而且有力地提升了活动的内在品质。

第二，为学生发展提供多样性的平台。在综合性交往活动中，学生接触的人员是多元的，角色是多元的，体验是多元的，因而发展空间和平台也是多元的，远远超出了普通单一的交往。以林老师的活动为例，孩子们在活动中涉及的人员众多，角色承担也非常丰富。在采访过程中，孩子们是小记者的角色；在资金筹备阶段，他们或是老板，或是员工、小主人、钟点工；在资金采购阶段，他们是顾客、采购员；在蛋糕制作阶段，他们是学徒；在策划宣传阶段，他们是策划者、宣传者、设计者。

第三，为学生交往提供生态式的环境。整个活动以义卖为中心，链接着不同的空间，形成了一个生态系统，贯穿整个活动过程。在调查采访、前期策划阶段，孩子们在班级、在校园；在资金筹备阶段，孩子们处在不同的社会环境；在学做蛋糕阶段，孩子们在社区；现场义卖阶段，孩子们又回到学校。这样学校、家庭、社区、社会很好地融合在一起，形成了初步的生态，有了这一次的经验，相信接下来的活动会进一步强化和完善这种联系，真正形成有利于学生健康发展的教育生态，价值巨大。

综合性交往的育人价值是巨大的，但挑战也是巨大的，要成功开展这方面的活动，可能需要综合性的努力，这也是一个长期的过程。

第一，班主任应具备复杂性的思维品质。不具备一定的复杂性思维，是难以驾驭一个相对巨大的工程的，班主任至少要对整个活动的流程有初步规划，对调动各方面资源的能力有一定的自信，还要对各种复杂突发情况有相当的应对能力。更为重要的是，班主任还要有极强的教育眼光，懂得从普通的学校活动中捕捉难得的教育契机，挖掘育人价值，相信林老师的活动设计能给青年班主任以示范和借鉴。

第二，学生应具备自主性的活动素养。毫无疑问，这群二年级学生能够参与这样的综合性活动绝不是从零起步的，一定是在前面有一定的经验，开展过与家长、学校、社会多方面交往性的活动，因而比较从容，这就启发我们一定要坚持将活动的自主权及时归还给学生，长期坚持下去，学生的综合素养一定会得到提升。

第三，学校应具备前沿性的价值引领。学校要在更高的层面大力倡导活动育人，要鼓励师生勇于尝试自主活动，也要包容班级活动可能出现的曲折与失败，形成活动育人的文化。在具体实践上还要组织相关大型活动，搭建活动平台，为学生发展创造具体条件。

再次为林老师和她的学生喝彩，再次为学校点赞。

附　录

不同交往关系的班级活动开发指南

类型	教育主题	教育要求	活动建议
同学交往	让同学成为学生发展的真伙伴	积极开展小组合作、小组分享、组间评价	让我认识你，有话好好说，20年以后再相会
师生交往	让班主任成为学生发展的引路人	班主任应适度介入，在活动主题选择、过程困难克服、研究评价引领、主题价值提升上发挥作用	教师节活动、感恩节活动、教师访谈活动
亲子交往	让家长成为学生发展的后援团	家长为活动提供物质保障、智力支持和精神鼓励	亲子角色互换活动、家长课堂活动、亲子义工活动
社会交往	让社会人士成为学生发展的加油站	社会为活动提供必备场所资源、专业指导支持和多元评价反馈	社区服务活动、社会参观活动、职业体验活动
综合交往	让多元交往成为学生发展的大舞台	为学生活动提供综合性支持，为学生发展提供多样性平台，为学生交往提供生态式环境	学校体育节、艺术节、科技节等大型活动

第四章

真过程，真研究

通过班会开展过程研究，是班级活动育人的有效保障。传统班级活动往往被理解为一次班会，"新基础教育"则不同，强调班级活动是一个长程，班会仅仅是长程活动的一个个节点，是活动某个阶段的开始或者终结。在这个节点上，需要进行阶段性的小结和反思，具体就是对前后阶段的活动进行研究，以此发现和解决问题，推动活动顺利进行，更要在这个过程中促进学生将体验转化为思想认识。

本章精选了五个班队会，以实录形式呈现了全体学生对于"社区义卖行不行""班级盛典怎么开""今年六一怎么样"等问题的反思和研究，提出了节点班队会的五种具体形态——选题论证会、方案策划会、准备动员会、问题解决会、总结分享会，并以此梳理了不同班队会的可能目标。

社区义卖行不行?

深圳市光明区玉律小学   徐苗佳

当教师不熟悉主题班队会的设计与开展时,需要解决的是主题的来源问题……当有了较为开阔的选择视野时,挑战来自选择最适合本阶段、本班级学生发展的主题。

——李家成:《班级日常生活重建中的学生发展》,第 196 页

现在的学生普遍缺乏理财方面的知识,不懂得如何合理花钱、如何存钱、如何用恰当的方式挣钱,为了让学生从小有理财方面的意识,我们打算开展一系列的相关活动。我们组织了"跳蚤市场我来开"活动,在学校里第一次开展班级义卖,活动先后进行了两天,获得了成功。

我们希望通过对跳蚤市场活动的提炼、交流、反思,进一步让学生体会到活动的乐趣和收获,并在此基础上营造更真实的环境,把前期学到的东西运用到本次真实的活动开展上,培养学生的实际运用能力,让学生做一回真正的小商人。基于此,我们设计了本次班队会"社区义卖行不行?",它既是"跳蚤市场我来开"的小结会,又是新活动"社区义卖我能行"的第一个节点,是选题确定会。

谈话导入，回顾活动

师：同学们，近期围绕"如何挣钱"主题，我们开展了"跳蚤市场我来开"活动，通过活动同学们体会了赚钱的辛苦和快乐。现在让我们一起来回顾一下。

（展示图片和视频）

【设计意图：回看活动过程中的图片，激发学生的自豪感，为接下来的小结活动作准备。】

前期总结，梳理经验

师：看到这么热闹的活动现场，肯定又勾起了你们对本次活动的许多回忆。现在请各个小队来汇报一下各自在活动中的收获和不足。

物品管理小队：我们是物品管理小队。与两天前相比，我们进步的地方是——变得主动积极了。通过与哥哥姐姐们沟通，现场就没有那么乱了。胆子变大，也更加负责，这是我们在活动中的进步。

师：大家都看到了你们的进步。

收银小队：我们是收银小队。在活动中，我们的计算能力提高了。第一天登记物品的价格有点乱，我们也不懂得整理。第二天我们吸取了第一天的教训，价格方面登记得比较清楚。作为收银小队的成员，我们还学会了如何跟别人交流，不过也存在问题，就是活动现场人太多，卖的时候没办法及时登记，导致数目方面有点混乱。如果下次开展活动要把价格登记好。

师：你们提了一个非常好的建议。

秩序小队：我们是秩序小队。第一天很多人都没有到岗，到处去玩，没有管好现场秩序，所以现场很混乱。第二天我们吸取了教训，每个人都在岗位上，并且提醒现场的人排队，现场秩序就好了很多。

师：这也是你们的进步，老师为你们点赞。

销售小队：我们是销售小队的代表。从第一天不敢吆喝没有多少人来买，到第二天大声吆喝，并把所有东西都卖出去，在活动中我们的胆子变大了。另外，在活动中，我们还学会了如何跟顾客打交道，如何讨价还价，也体会到了做生意的辛苦。不过我们还是存在一些不足的地方，比如卖东西的时候人员分工不是很明确，导致现场有点乱，如果下次开展活动要把人员分工再细化一下。

师：不仅总结了收获，还指出了存在的问题，你们的建议很重要。谁能根据大家刚才的发言，总结一下整个活动的优点和不足？

生：我们在活动中的优点是——能发现第一天的不足，并在第二天进行改正；活动中很多人的胆子变大了。存在的缺点是——分工还不够细致，很多地方的细节没有做好。

【设计意图：各小队进行自我反思，提炼不足与经验提升，提升了活动的育人价值，并为后期活动作好准备。】

师：总结得很好，其实这次的跳蚤市场活动，很多人对我们的评价还是比较高的，我们来听听大家是怎么评价的吧。（播放同学、家长和老师的评价视频）

从同学、老师和家长的评价中看得出来，大家对我们班的跳蚤市场活动还是持肯定态度的。活动中，大家不仅像小商人一样去经营、买卖商品，还学会了如何与他人交往、沟通，也收获了团结和友谊，这些都同样重要。

【设计意图：引入校内师生评价，适时增加教师评价，有利于学生全面认识活动成效，提升后期活动信心。】

公布提议，引发讨论

师：前几天，老师收到了班里一位同学的倡议书，他提出想开展另外一个活动，具体内容我们一起来看一看。（展示建议书）

亲爱的徐老师：

前几个星期我们四（1）中队开展了"跳蚤市场我来开"活动，全班同学都参与到了活动中，我们收获了做买卖的经验，体验了身为收银员、营业员、推销员的乐趣。在活动中我们学会了团结协作、灵活应变，学会了如何与顾客打交道，初步体会了当小商人的感觉。

为了更好地加强我们对理财知识的认识，也让我们更好地体验如何当一名小商人，我建议开展一次类似的社区义卖活动，让同学们走出学校，走进社区，体验生活，进而把活动中赚到的钱捐给社区的慈善基金会，帮助有困难的人。

我觉得这会是一个很有意义的活动，希望能得到徐老师的支持！

浩然

2014 年 12 月 11 日

这位同学建议我们开展一个活动，把我们在跳蚤市场上学到的东西运用到这个活动中，走出学校，真正体验一下当小商人的感觉。你们觉得这个提议怎么样呢？

【设计意图：根据学生的提议开展选题策划，体现了班主任的资源捕捉能力。】

生：老师，我认同这位同学的看法，如果能把赚到的钱捐给需要的人将会很有意义。

生：我认为活动实行起来会很难。我们在学校里开展，现场都有些混乱，如果到社区去，现场会更加混乱，我们不一定能掌控场面。

生：我认同这位同学的观点。到了社区，面对的人更多，会很复杂，到时候场面会很难控制。

生：到社区开展活动，情况确实会复杂，但我还是觉得社区的义卖活动可以开展。首先，我们在两天的跳蚤市场活动中已经积累了一定的经验，两天的活动中我们都能有进步，如果再开展一次，我们肯定更加有经验。其次，可以用自己劳动赚来的钱去帮助有需要的人非常有意义，即使会有难度，我们也可以挑战一下自己，说不定真的可以成功呢。我支持开展这个活动。

生：我也认为可以尝试一下，刚才有同学提到担心现场混乱的问题，我觉得我们可以邀请家长义工来帮忙。

生：我也觉得我们可以试一下，试了才会知道能不能做好。

权衡利弊，确定选题

师：既然有人反对，有人支持，那么现在我们用投票的方式，按照少数服从多数的原则来决定是否开展活动。支持开展活动的同学请举手。（举手表决）一共有35位同学支持开展活动，根据少数服从多数的原则，我们尊重大多数人的意见——开展活动。

【设计意图：把选题主动权归还给学生，集中讨论可行性、必要性，最终确定活动主题，体现了学生在活动中的主体地位。】

师：既然大家同意开展活动，那么就需要好好策划一下这个活动怎么开展。请大家先思考一下，跳蚤市场和社区义卖活动有什么相同之处和不同之处？请大家讨论后把相同点和不同点写在卡纸上。

（各小队进行讨论后由代表进行汇报）

代表1：我们小队认为两个活动的相同点有：都是通过自己的劳动来卖东西；活动中的人员分组一样，都可以分为物品管理小队、收银小队、秩序小队和销售小队。不同点在于：跳蚤市场是面向学校里的同学，而社区义卖是面向社区里的人。

代表2：我们小队来补充一下，我们认为两个活动的不同点还在于：跳蚤市场是拿出家里闲置的东西来卖，而社区义卖面向社区人员，卖的物品应该会有所不同，具体卖什么需要考虑清楚；社区义卖的人员分工还应该在原来的基础上增加外联小队和进货小队，因为如果在社区开展活动，可能需要有人去跟村委的人申请场地，因此需要有外联小队去跟外界沟通，东西卖完，没有东西可卖，可能需要去进货，所以需要进货小队。

师：你们小队真细心，考虑到了这么多细节。

【设计意图：通过两次活动的对比分析，让学生对社区义卖有了初步设计，为后续方案策划活动奠定基础。】

总结激励，开放延伸

师：对大家来说，这次活动是一次新的体验，同时也是新的挑战，我们要充分利用好我们的经验，齐心协力做好这次社区义卖。策划这次活动还需要大家再想一些细节，包括活动人员的分工，谁来承担哪部分的工作，活动的时间、地点，卖什么物品等，这些问题就留给大家课后去思考和讨论，我们下节课再来进行具体的活动细节策划。下课！

【设计意图：教师总结简短有力，表达了对活动的支持，也对同学们提出了具体的任务要求，有利于活动后续开展。】

评 析

选题论证，让主题更受欢迎

开展主题活动或者主题班队会，首先需要解决的问题就是主题来源。实际上，现实中许多班主任并不注重选题论证这个环节，因为在班级中学生活动的主题往往要么是学校下发的，要么是教师圈定的，似乎没有可以讨论的空间和必要，于是主题选择就成了班主任老师的一句话，学生只能被动地接受这个任务，而不是在理解的基础上进行自主选择后的积极接纳，因而我们看到许多学生在活动中积极性不高，可能也有这个原因。

正是基于此，我们认为选题论证应该成为主题活动开展的第一个节点，它关系到主题活动的方向取舍和价值开发，关系到学生在主题活动中的自觉与投入程度，因此要充分重视选题论证环节，认真组织选题论证类班队会。

论证什么？

第一，对学生成长需要的论证。徐老师所带班级为四年级，学生开始变得有主见，对事物形成了自己的看法，明显长大了，自行策划组织活动的能力增强，拥有自主管理的意识，因此把社区义卖这个想法抛出来看看孩子们的积极性关系到他们想不想做的问题，结果反响很好。

第二，对主题活动价值的论证。这涉及两个方面，第一是主题活动的育人作用，也就是活动对学生有什么用的问题，学生并不一定完全清晰，但班主任老师一定要了解。第二是主题活动的社会意义。在徐老师的班队会上，绝大多数同学能清晰意识到社区义卖是公益活动。

第三，对主题活动可行性的论证。也就是活动能不能开展的问题。在义卖班队会上，绝大多数同学都是围绕这一问题展开的，如社区不让卖怎么办？学校同意吗？家长支持吗？这些现实问题的呈现有利于学生思维的发展。

怎样组织论证？

第一，挖掘前"题"。就是要在班队会前期或初期，通过口头分享、问卷调查等多种手段，了解学生和班级的基础和需求，这构成了主题活动开展的前提性条件。义卖班会前，徐老师利用跳蚤市场总结会的形式，鼓励大家分享校内义卖活动的经验与启发，为后期校外义卖活动提供了很好的资源包，也为接下来的活动奠定了心理基础。

第二，提出问题。这往往是班级中面临的现实问题，可能与当前正在开展的岗位建设、班干部培养、班级文化建设有关，也可能与学生家庭生活、学校大型活动参与有关，班主任老师要挖掘其中的教育资源，寻找与班级发展、学生发展的契合点。徐老师把同学的建议书开发成教育资源和具体选题，引起了大家的关注与兴趣。

第三，开放选题。当问题下放后，要鼓励学生互动交流，促进学生从不同维度形成可能选项，提出多种解决方案，这里也不排除将教师事先准备的预案作为备选方案之一进行提出，但需要注意的是，所有方案都是平等的，不能用教师的特权强制性要求通过。

第四，论证主题。主题基本呈现后，要对选题的适度归类聚焦，围绕某一个或某一类主题，从多个方面进行论证。论证的基本内容包括对学生成长需要的理解和对该主题的育人价值的理解，以及该主题班会在整体主题活动中的地位与独特性，经过充分讨论，最后形成相对一致的意见。

大 V 盛典怎么开?

深圳市光明区玉律小学　刘丹妮

> 学生在策划中学会了策划;在学生的自主策划中,班级生活、学生生活
> 富有了"我"的气息、创生的气息。
>
> ——李家成:《班级日常生活重建中的学生发展》,第 119 页

　　三(3)班的孩子自我意识较强,在过去近一年里,老师和孩子们共同创建了以"I'm VIP"为核心的大 V 班级文化。我们的共同约定是:每一位学生的想法、建议、行为都应该被关注,每一位同学在班级里都有独一无二的作用。六一儿童节就要到了,我开始和学生交流,把"嗨翻六一·大 V 盛典"的年度六一颁奖典礼正式确定下来。大 V 班委团在一次次的班级活动开展中逐渐显现出班级核心领导力,所以他们自荐担任此次颁奖典礼的统筹组。在统筹组的组织下,迎宾组、颁奖组、节目组和后勤组也开始成立并活动起来。

　　这是一个前所未有的六一,也是前所未有的大 V 班级活动,而对于这样一场隆重的大 V 盛典,师生的前期策划非常关键。于是,我们的大 V 盛典(方案策划会)开始了!

活动导入

首先观看视频，回顾前期活动准备过程。

主持人：大家好，我是今天的主持人。我先给大家介绍一下我们的活动安排。为了 6 月 3 日的颁奖典礼顺利开展，我们班干部组成了统筹组，在统筹组的带领下，班级分成四个项目组，分别是负责开场前准备的迎宾组和后勤组，以及活动现场的颁奖组和后勤组。今天在这里，我们要作活动前期的方案策划。现在请各个项目组的同学进行汇报。

【设计意图：统筹组成员作为策划会的组织者、主持人，简要介绍活动整体设计，引出班队会主题。】

小组汇报

迎宾组

生：大家好，我们迎宾组的任务包括活动会场迎宾、安排座位、制作邀请函和准备活动音乐。

我负责的项目是座位安排。这是我们的座位表，请看。根据同学们的建议，我们认为要让所有人都能看见舞台，就必须将舞台设定在会场正中央，那么观众席就在舞台两侧，嘉宾席在观众席后面。

生：我负责的内容是邀请函。同学们觉得第一个样板颜色太单调，所以我们又制定了第二个样板，但是眼尖的同学发现里面出现了错别字，于是我们又制定了第三个样板，但是还没加颜色，同学们可以给我们提意见。

生：我们是负责迎宾的。这是我们的迎宾人员，请看大屏幕。我们的礼仪要求是：双手放好，遇到老师要问好。请组员来演示一遍。立正！敬礼，礼毕。

生：关于背景音乐，在同学和音乐老师的建议下，我们已经选好了音乐。开场音乐欢乐一些，颁奖音乐隆重一些，结束音乐轻快点，让大家对下一次盛典期待万分。

主持人：谢谢迎宾组的同学。请同学们给他们提建议。

生：我建议你们的邀请函用红色底板，显得隆重，字体用黄色或者金色，显得大气。

生：我还有一个问题，嘉宾坐在最后一排会不会看不到舞台呢？

生：不会。因为嘉宾都是大人，本身就比我们高，而且他们的凳子也会比我们的高。

师：迎宾组考虑到了身高问题，提问题的同学思考也很周全。

生：我们的大 V 盛典是比较轻松愉快的，礼仪迎宾小队不一定得敬礼，这种比较适合严肃的场合，可以改为一种欢迎手势或者是微笑示人。

生：好建议。我们会考虑采纳的。

师：小问题的互动可以解决大事情，很不错！

【设计意图：通过小组汇报与组际之间的互动对话，对活动方案进行推敲优化。】

后勤组

生：大家好，我们准备的食物有：1 盒饼干、2 袋果冻、8 瓶饮料、1 箱面包。每个组有 2 瓶饮料，一些饼干和小面包。宋同学家在卖水果，他可以提供很多种水果给我们吃，如西瓜。

生：我们的卫生工作准备在活动结束后进行。分工合作，有人扫地，有人拖地，有人摆桌子、椅子。

生：我们的道具有彩带 4 瓶、彩带 2 卷、气球 3 包。颁奖典礼还需要红地毯，这本来是我们的难题，热心的刘妈妈帮我们解决了这个难题，赞助了我们红毯。

生：我们的汇报完毕。大家有什么问题可以提出来。

生：西瓜又大又重，怎么带过来？要怎么切？谁来切？

师：好问题，一下提了三个点。

生：我妈妈负责送来学校，然后在学校切。

生：我觉得在家里切好再送过来比较好，西瓜刀带来学校有安全隐患。

生：天气这么热，先切会不会坏掉？

生：凭借我卖水果的经验，应该不会坏掉。

师：看来大家还是对吃的比较感兴趣啊。那么除了食物的问题，对其他方面你们还有没有什么看法？

生：我认为打扫卫生的人太少了。一个人摆桌子工作量太大。

生：虽然名单是这样安排的，但我们会齐心协力一起完成。

生：如果是人数不够，那么建议你们招募其他组的义工来帮忙。

师：老师赞同这位同学的看法。如果能再增加一些人，每个人工作明确，那么就更加容易完成工作了。

节目组及颁奖组

生：我们的节目有小品、歌舞表演、魔术三个，每个节目大概 5 ～ 10 分钟。

生：我们的游戏包括指压板跳绳、背靠背夹气球和托乒乓球，每个游戏时间大概 10 分钟。请队员们出示游戏规则。

生：我认为夹气球的气球太小了，这样的游戏没难度。

生：我们是这样认为的，比较小的气球不太容易会爆，能够保持游戏顺利进行。

生：这样的游戏太简单了，不好玩。

生：一点都不简单，因为气球小会容易跑，所以要夹得有技术。

师：有意思，我真期待我们的活动现场。

生：但因为时间关系，我们还不确定节目和游戏在什么时候进行表演，请同学们给我们意见。

师：我知道节目组遇到了和颁奖组一样的时间分配和节目顺序安排问题，那么我们请颁奖组汇报完再一起讨论问题好吗？

生：我们的任务包括撰写主持稿、颁奖稿和奖牌设计。

生：我的作文好，颁奖稿最后都是我收集整理的。

生：我们先在班级征集"奖牌样式"，然后通过四轮投票选出，现在已经交给广告牌公司定制了。

生：我们的 SVIP 奖项包括评人、事、物、地方四部分，但是评人比较多，我们将奖项分成了五次。

生：我们的主持稿还没写，因为节目单顺序还没出来，所以这是我们组遇到的问题。

难点突破

师：好了。这是活动现场两个组遇到的问题。大家觉得节目单应该怎么排？

生：我觉得先玩游戏，再看节目表演，颁奖压轴。

师：有没有不同意见？

生：我觉得穿插着来才更有意思。

师：能不能更加具体点说"穿插"？

生：开场要有比较欢乐的节目。

生：或者是热闹一点的游戏。

师：是啊，欢乐热闹的开场能够吸引同学们的注意力，那同学们思考一下具体的节目或者游戏？

生：我认为歌舞表演能够吸引全班一起唱和跳。

生：我同意这种观点。跳我们最喜欢的《小苹果》，准能带动气氛。

师：好，没有意见的话，我们就通过。

生：活动中间应该要有高潮，可以有刺激一点的游戏。

生：指压板跳绳难度最大。

生：我认为指压板跳绳好，因为它足够刺激。

师：谢谢你们的回应。那最终的结尾部分，应该是什么样的气氛？

生：要结束的时候，应该是比较满足，轻松搞笑一些，所以可以是小品和魔术。

师：同学们刚刚说的都是节目的编排，那么颁奖奖项我们可以穿插在活动中间，有动有静，保留神秘感。

生：我认为得先评人，因为评人是最激烈的，所以放在最前面。

生：我不同意，评人是最具悬念的，应该放在中间高潮或者是最后面。

师：嗯，你的想法是最后一个压轴，我会请颁奖组考虑的。

【设计意图：考虑两组内容相互交叉，所以综合起来进行交流，这有利于提高效率。】

继续优化

主持人：经过激烈的讨论，我们给四个组都提出了不少建议。现在请你们根据其他同学给你们的建议进行修改，同时请所有统筹组的成员集中，我们将根据项目组优化的方案决定节目单排序，时间为5分钟。

师：现在请各组简单汇报修改后的方案。

生：我们迎宾组接受同学们的建议，采用金色的字体和红色地板。

生：后勤组提供的水果将会在家准备好才拿来学校。

主持人：我们最终讨论出来的顺序是：歌舞表演—评人—托乒乓球—评事—小品—评物—指压板跳绳—评地方—魔术—评人—夹气球。如果有意见，我们会后再继续商讨。

【设计意图：在对话交流之后留出相应时间，按项目组进行现场优化，有利于学生思维清晰化、具体化，遗憾之处在于缺乏必要的小结与激励。】

方案策划，让活动更加可行

方案策划类主题班队会就是在活动主题确定后，在班主任的指引下，全班学生共同参与，以活动方案制订和优化为目的的班队会。长久以来，成人把诸多活动事先都安排好了，把诸多注意事项都提前考虑到了，只留给学生操作执行的任务，实际上忽略了策划行为本身蕴含着的重要育人价值。策划，是在真实的情境中面对真实的问题，通过汇聚多方资源，重组多方信息，创生出一种或者多种新的可能。在学生工作中鼓励学生成为策划的主体，不仅对活动顺利开展有重要意义，而且让学生经历策划的过程，学习策划的经验，对学生的生命成长有重要意义。

策划什么？

第一，策划"事"。要明确活动目标，坚持用目标达成度来引导活动的发展；还要对活动流程心中有数，知道本次主题活动分为哪些阶段，各个阶段具体会安排哪些任务。

第二，策划"时"。要了解活动开展的时间要求，将这个时间放在学校、班级时间大背景下进行考虑，合理安排整块时间。另外也要把握各个环节所需时间，尽量控制活动整体的时间长度，尽量不要拖延活动。

第三，策划"人"。就是要按照事的要求分解、汇聚相关人员，尽量让全班学生都能参与，实现全纳，但更重要的是要为每个人分配相应的事务工作，提出相关的工作标准。

第四，策划"物"。这涉及活动的保障问题，包括经费保障、物质保障、场所环境保障，甚至包括政策保障，往往一些政策不到位，最后会影响到全局。正因为如此，刘老师的大 V 盛典活动中，后勤组就很不错，把事情分成三类：食物供应、场地布置、卫生打扫，然后又安排了具体的人来承担，而且也考虑到了具体的物资的采购，这对三年级的学生而言难能可贵。

怎样组织策划？

第一，整体规划。要鼓励以班级活动核心成员为主，从宏观层面规划整个活动，具体涉及活动的目标设置、活动效果预估、基本阶段划分、人员基本分组等。还要注意在活动目标中保持清晰、可操作、可评估，让活动目标能够引导主题活动的顺利开展。

第二，分组策划。按照成事的基本逻辑划分若干小组，并以小组为单位分类开展策划活动，具体内容就是如上所述的"事""时""人""物"，最好能够像刘老师组织的那样，在班队会之前有所准备，形成初步方案，并在班队会上进行具体分享和呈现，这样会提高班会效率。

第三，互动对话。围绕整体规划中提出的目标原则和要求，结合实际，对各组呈现出的初步方案进一步讨论细化，尤其要注意补充建议，如在大V盛典中，各小组讨论节目单时提出了许多细化性的建议，甚至把开场节目、中间节目、结束节目都考虑到了，这就很有价值。需要提醒的是，班主任老师要保持适当的介入指导，要善于捕捉资源，放大育人价值，鼓舞大家的积极性，推动活动后续展开。

第四，优化计划。在相互交流讨论后要留出一定时间让各小组进行消化吸收，重新修改完善计划，这是一个再学习再创造的过程，最后全班再一起确定相对完整的方案。

邀你一起过六一

深圳市光明区光明小学　林小燕

　　唯有采取主动方式去参与形成积极的关系与活动，在活动中实现自我发展的人，才是具有生命自觉的人。

　　　　　　　　　　——张向众，叶澜:《"新基础教育"研究手册》，第 6 页

　　按照广东省的校历规定，六一儿童节当天小学是放假的，所以大多数学校的庆六一游园活动都是提前开展，节日当天由家庭自行安排孩子的活动。但有相当一部分家长六一当天要上班，无法陪同孩子，这部分孩子就只能独自待在家里自娱自乐。我们作了一次调查，全班 53 个孩子中家长当天能陪伴过六一的只有 18 个，其余 35 个孩子只能待在家里。

　　本次活动利用差异资源，由班级家长委员会牵头统筹，召集部分热心的家长和孩子共同策划各种不同的过节方案，形成项目组，再由各项目组在班级中各显妙招，邀请、吸引孤单的孩子共度六一。有时间的家长带领别人的孩子过节，家长没空的孩子跟着同学的家长过节。这样既兼顾了六一当天独自过节的孩子，又能让家长和孩子在不一样的活动体验中感悟独特的教育意义。

　　本次班队会"邀你一起过六一"是六一节前的动员会，希望通过本次班队会，各项目组通过自己的展示与热情能够真正邀请同学以小组的形式度过

六一儿童节，从中感受不一样的快乐。

前期回顾，引入主题

师：孩子们，六一是一个欢快的日子，是属于你们的节日，喜欢吗？

生：（全班大声回答）喜欢。

师：老师也很喜欢，多么希望回到童年啊！这么快乐的时光，让我们一起唱响我们的班歌《和快乐一起》。

（师与全体学生齐歌共舞，一起唱响班歌。）

师：孩子们，告诉你们一个好消息，今年的六一我们会过得不一样，因为我们班会有同学带着他们的爸爸妈妈邀你们一起过六一。

【设计意图：通过歌舞渲染气氛，并用不一样的六一激发学生开展本次活动的兴趣。】

展示风采，盛情邀请

环节一：活动展示

骑行组（结合 PPT 解说，吸引同学参加）

骑行组：大家好！我们是骑行组的成员，我们的口号是：邀你一起去骑行，Go，Go，Go！

家长：孩子们，我是一名骑行爱好者，有丰富的经验，我会在这次活动中给你们提供安全和后勤保障，六一当天上午八点三十分我们在新城公园东大门等着你们哟！

家长：孩子们，这不仅仅是一次骑行，更是一段绿色的旅程，我们可以利用大自然的花花草草进行创作，不但可以评奖，还会有奖品，当然还有美味的野餐，喜欢我们骑行组吗？

生：没有单车怎么办？

生：可以去借或者去租一台。

生：那骑单车需要准备些什么？

生：多准备吃的，用袋子装着，以免被风吹走，还要准备帽子防晒。

生：如果受伤了怎么办？

生：放心吧，我们会有后勤人员给你疗伤的。

生：你们的活动最有趣的是什么？

生：在骑行的过程中，我们可以认识植物、画画，还可以享受美食大餐。

师：嗯，与骑行组同行，你们会有一个快乐的六一。

剪贴组（手工展板，展示创意）

剪贴组：大家好，我们是剪贴组，我们的口号是：创意剪贴，剪出精彩。

家长：同学们，大家好！首先有请赵同学为我们现场展示剪一个爱心，用爱心可以组合成很多小动物，如狮子、青蛙等。剪爱心其实很简单，有经验的同学可以直接折叠剪出半个爱心，没有经验、不熟练的小朋友可以先在纸上描出半个爱心，沿着边线剪下来。

生：参与剪贴组的活动可以让我们班有更精美的文化墙，又能学到一门手艺，何乐而不为呢！快来参加我们组吧！邀你一起过六一，给你不一样的精彩！

生：到时候剪贴的这些材料谁出？

家长：我们准备好了，欢迎你来参与。

生：是不是想剪什么就教什么？

家长：是的，你喜欢剪什么都可以！

师：哇！太有诱惑力了，把林老师也吸引过去了。

师：那就跟剪贴组一起想剪什么就剪什么吧，剪出创意，贴出精彩。

剪贴组：期待你们过来跟我们一起过六一。（剪贴组退场）

蛋糕组

蛋糕组：大家好！还记得义卖当天的口号吗？我们一起来喊一遍。

（生齐喊：走过路过，不要错过，美味蛋糕，任你挑。）

生：亲，还记得藏在纸杯里的甜甜味道吗？六一，创意蛋糕坊邀你一起再次亲手烘焙美的味道哦！先来看看师傅为我们现场展示裱花，掌声有请！

（创意蛋糕组家长与蛋糕组学生面对不同的观众现场展示各种花式裱花）

生：做好的蛋糕可以自己吃吗？

生：可以自己吃，也可以拿出去卖。

生：卖出来的钱怎么处理？

生：我觉得应该给许妈妈，因为这次的材料费都是许妈妈出钱的，不能让许妈妈吃亏。（全场欢笑）

生：我可以在自己做的蛋糕上插一把自己做的纸伞装饰一下吗？

生：可以，只要你喜欢。（全场欢笑）

师：好！你们的六一你们做主，你们的创意你们打造，蛋糕组邀你一起参与。

发夹组

发夹组：想亲手制作美丽梦幻甜美的发夹吗？这可是不同风格、不同款式的发饰哦！（向学生展示制作好的发夹成品）

学生：我妈妈做的发夹非常漂亮，我也学会了制作。在制作的过程中，我发现了很多奥妙。看！这是皇冠发夹，这是樱花发夹，这是桃花发夹。

家长：是不是很棒呀？请加入我们发夹组吧！

生：剩下的是不是可以拿出去卖？

家长：可以！

师：看来你赚钱的妙招挺多的！

生：我想给发夹组提个建议，明年义卖会的时候可以卖发夹，就像今年一样只卖蛋糕，明年我们只卖发夹，全班一起动手制作。

师：有远见的孩子，你把明年的活动都设想好了，谢谢你。（发夹组退场）

师：心动不如行动，林老师都心动啦！有一句话说得好，高手在民间。我觉得，高手就在我们班，一个个都特别厉害！孩子们，有创意、漂亮的发夹组等着你哦！

风筝组

风筝组：大家好！我们是风筝组！这个六一，我们陪你一起飞。

生：看，这是我和我爸爸亲手制作的风筝。（现场展示制作的风筝）

家长：准备材料，裁模型，然后用支架固定好，贴上尾巴，加上绳子，就可以飞得很高哦！

家长：同学们，快来加入我们风筝组吧！到时候刘爸爸会详细地教你们每一步怎么做。六月一日，牛山公园，上午八点半，我们不见不散。

生：在制作的过程中，如果你们遇到了问题，可以随时找我和我爸爸帮忙，我们非常乐意帮忙。

生：如果你们实在做不出来，我爸爸答应送给大家一些风筝当六一儿童节的礼物。

生：有了风筝，你们知道怎么才能飞起来吗？下面看看我们的演示。

（风筝组的二位学生现场演示，大家欢笑不断。）

生：请问你们还有什么疑问或建议吗？

生：要是绳断了怎么办呀？（全场欢笑）

生：如果绳断的话，就让它自由地飞一下，飞完掉下来以后再把绳绑回去，然后继续玩。

风筝组：同学们，让我们冲上云霄，快乐飞翔，加入我们风筝组吧！

环节二：我们喜欢，我们选择

师：现在到了最激动人心的时刻，孩子们，五个小组都盛情邀请你们，你们会作出何种选择呢？请自己想一想或跟同学商量一下，把你的选择贴到相应的组并对邀请你的同学以及叔叔阿姨说声谢谢。

（学生开始讨论并现场报名，在投票展板上投票。）

师：林同学，我想采访一下你，你为什么加入骑行组？

生：因为我的爱好是骑单车，而且我的梦想是长大后成为一名奥运冠军。

师：哇！从现在开始就要练习好不好？因为奥运冠军不是说当就能当的，要坚持不懈地训练。

生：我加入的是风筝组，因为我的爸爸妈妈小时候没有过过六一，我想带他们一起过六一，一起放风筝。

师：太棒了！你的意思是你带着爸爸妈妈一起来，让他们追忆童年吗，太棒了。

生：因为我以前没有放过风筝，现在我想学会做风筝，回老家的时候可以自己做一个风筝，和家乡的小伙伴一起玩。

【设计意图：完善活动方案，推进项目组的建设；培养学生的策划组织能力、发现问题与解决问题的能力；确定开展活动的各项目组成员，确保活动顺利开展。】

留住记忆，留住美好

师：孩子们，这么特别的六一，开心的六一，不一样的六一，有趣的六一，你们怎么把这个记忆留住？

生：用照片留住。

生：写一篇日记，用文字留住。

生：画一张我们班集体的画。

生：发挥我的长处，用剪纸粘成一幅画。

生：在蛋糕上画出我们开心的图，再拍下来。

生：留下风筝珍藏，也可以当作纪念。

师：大家都有自己的想法，你们就用自己的方式把我们这个不一样的六一留住好不好？

生：（齐）好！

师：林老师也送你们一个礼物，我们一起制作一本相册，把我们的六一留住，把我们的快乐留住，把我们的美好时光留住。

师：邀你一起过六一！期待你不一样的精彩。

【设计意图：鼓励建立六一档案，让学生选择用自己喜欢的方式把这一天的美好记录下来，让学生在活动过程中养成观察记录的习惯，激发后续活动的动力。】

评　析

准备动员，让参与更加广泛

准备动员类班队会，就是以促进全体学生共同参与活动过程为目的的班队会。强调这种类型的班队会主要有两个目的，一是班队活动中人是最主要的因素，没有人的参与，没有一定数量的学生参与，活动可能很难顺利展开，二是在当前背景下，无论是在课堂教学还是在班队活动中，有一种严重的替代现象，一部分明星学生替代了全体学生，还有一部分学生长期处于班级教学与活动的边缘，从这个意义上讲，动员全体学生参与活动，实现活动全员卷入，是"新基础教育"区别于其他流派的重要观点。

动员谁？

第一，全体学生。通过动员组织会，让学生感受到活动的精彩，调动和满足全体学生的成长需要，促进学生全员参与。

第二，家长群体。正因为家长是学生日常学习生活的重要关系人，对于班级中开展的主题活动，如果条件许可，建议可以有更多家长参与，这有利于形成良性互动的关系。

第三，教师群体。班主任教师虽然是活动的发起者之一，但是从教育资源开发的角度，班主任也可以成为动员对象以成人身份参与到活动中去。另外就是科任教师，从现状来看，科任教师参与活动的面还是很小，动员他们参与有利于形成教育整体效应。

如何动员？

第一，骨干策动。班主任老师要利用和开发班级中已有资源，在活动前期动员部分学生和家长成为活动的先行者、骨干力量，由他们自由组合，形成相应的项目组，承担某些具体工作，作出前期策划方案，更加重要的是要像林老师一样，鼓励他们通过一定形式巧妙地呈现各自的方案，尤其是凸显其中的亮点，积极吸引更多学生加入。本次班队会上，风筝组就很有特色，因为在光明区放风筝还不是一件常见的事情，通过学生与家长的巧妙展示，吸引力倍增，相信在策划过程中，这些骨干学生与家长得到的锻炼更大。

第二，自主流动。就是要在各小组呈现自己的招募计划后，留出时间，让学生和先行者进行对话交流，深入了解计划，更要留出时间和空间，鼓励学生以自己的需求自主选择相应的项目组，正如林老师在活动中提到的"我们喜欢，我们选择"口号，在尊重学生自主意愿基础上的决定才有利于学生在活动后期的跟进和坚持。

第三，适度调动。在自由选择的背景下，可能会出现两种情况：可能之一是不一定能完全满足全员参与的目标需求，依然可能还有学生未能参与，这就需要教师适度介入，或者修改相应组别规则，增加对这部分学生的吸引力，或者发挥学生的智慧，另外成立组别，满足所有人的需要；可能之二是结构化的不平衡，某些组别人员过多，超出原有承载量，这就可能需要双向调整优化组合。

第四，全员乐动。在班队会过程中，班主任老师一定不要置身事外，而应保持适度介入的姿态，随时捕捉资源。林老师在每个小组汇报完后，都发自内心地表达了对小组活动的喜爱与期待，有很好的激励作用，特别是在总结环节，林老师表示要为全班制作一本相册，表达了自己的兴奋与激动，并用情感激励所有学生积极参与到后续活动中来，让大家以愉悦的心情面对活动，乐享精彩。

奔跑吧，明星社团

深圳市光明区实验学校　黄柳娟

问题，是学生发展的资源。

——某班主任

在过去的一个学年，五（3）班的孩子们在各种活动中慢慢成长起来，经过了运动会、科技节、圣诞派对、象棋比赛、明星闪亮及岗位之星评选等活动，孩子们的组织能力得到了很大提升，自信心得到培养。他们参加活动的兴趣浓厚，去年孩子们听说春季运动会有篮球比赛，几个男生就偷偷在放学后练习篮球，前不久还掀起了魔方热，在课余时间形成了新的话题，有的孩子还跑去别的班请教魔方高手。

基于以上情况，我们提出组建班级小社团的设想，让这些志趣相投的孩子找到组织，找到目标，创造更有价值、有意思的校园生活，得到了同学们的积极响应。调查结果显示，百分百的学生对班级小社团感兴趣，于是我们在期中检测后初步组建了班级小社团，同时我们也面临着如何开展社团活动的各种具体困难。本次班队会的主要目标就是解决班级小社团在初建阶段的问题，让孩子们冲破障碍奔跑起来。

趣味回顾，激发动力

生：请同学们作好准备，我们的班会活动马上开始！

生：今天老师给我们一个任务，让我们回顾一下过去一段时间走过的路。

生：那就让我们一起跟着时间轴来回顾一下吧！（播放 PPT）

生：在 2014 年 11 月我们走过了运动会。

生：这让我想起了我们的方队，训练很累，但取得了好成绩。

生：12 月我们经过了科技节。

生：我参加了七巧板，获得了一等奖。（骄傲的样子）

生：12 月有一个很快乐的节日——圣诞节，还记得我们的 party 吗？

生：（唱）是你多么温馨的目光。我记得我好像唱了三首歌。

生：2015 年 1 月篮球小队成立了。

生：这个我最清楚了，我就是其中的一员，那时我们几个听说五年级有篮球比赛，就放学后去练。

生：3 月我们进行了象棋比赛。

生：我很开心，我获得了亚军。

生：4 月我们进行了明星闪亮的系列活动。

生：这个就别提了。

生：你的相声没上，但你参加了环保时装秀和 super star 呢！

生：让我们一起来观看明星闪亮系列活动的精彩片段吧。（播放 PPT）

师：谢谢两位小助手！同学们，我们举办、参与、体验了那么多活动，我从中看到了大家的成长。上一次的明星闪亮，我们的小队发挥了很大的作用，现在的你们可以跑向更远的目标，那就是班级社团。上个月我们热火朝天地进行了社团发起和人员招募活动，开了个好头，但班级社团需要解决的问题还有很多，我们今天就是要扫除障碍，让我们的社团跑起来。

【设计意图：通过对前期活动的巧妙回顾，让学生感受自己的成长，并为接下来的问题解决创造条件。】

经验分享，启发思考

师：我们学校没有班级社团，我们是首例，所以我们可以向学校社团学习一些经验。我们学校的足球队是新办的社团，听说五年级只有四名队员，这四名队员全是我们班的。这四名队员能给大家一些建议吗？

生：我觉得我们的社团必须要有场地，教室不够大要去外面找地方，比如篮球社团可以去篮球场训练。

生：我觉得要有奖惩措施，足球队如果表现不好会被淘汰。

生：我认为要有专业的人来指导，学校社团都是有老师教的。

生：我倒认为我们班最需要解决的是时间问题，班里很多同学下午都要参加学校团队，时间上会有冲突。

师：这几位同学提到了场地、制度、专业指导及时间。志鹏是打鼓队的队长，他们团队的老师对他评价很高，我们听听他的意见吧。

生：我想给团长们一点建议，你们每次训练一定要有目标，要不然团员就会很懒散。有时团员之间有矛盾了，要处理好，不要偏心，要公正。

师：谢谢志鹏。虽然我们有很多需要解决的问题，但我发现有一个社团已经行动起来啦，那就是新闻论坛社团，我们请他们谈谈是怎么克服困难开展活动的。

生：我们的成员不多，所以就跟摄影社团合并了，他们的加入让我们的新闻角锦上添花，一开始我们也担心时间、场地的问题，经过讨论，我们的场地就在教室，摄影的同学是不需要固定场地的，时间上我们不可能天天更新，计划每周更新两次。

师：那你们社团目前需要解决的问题是什么？

生：我们在想怎样可以利用新闻角与大家互动，让大家参与进来。

【设计意图：通过分享先行者的经验，了解问题解决的基本策略与路径，为后续金点子活动提供借鉴。】

头脑风暴，解决问题

师：我们的社团是在课余时间进行活动的，老师对你们提出一些要求：一是不能影响学习，二是要注意安全，三是要有趣、有意义。上周，各个社团已经贴出了需要解决的问题并征集大家的点子，下面我们一起来看看各社团需要解决的问题有哪些。我们将进行"金点子"比赛，谁的点子能被社团采纳，就是金点子，将获得由家长赞助的奖品一份。头脑风暴现在开始。

（教师呈现问题，学生写点子，并提交给相应社团，社团讨论拟采纳的"金点子"。）

生：我们舞蹈社团选择的金点子是来自小慧的，她说她家里有一个能放音乐的机器可以提供给我们。有关场地的金点子来自湘毅，他建议我们去英语角练习。

生：我们篮球社团的金点子来自煜民，他说可以让有空的家长接送，假期可以自己练习。

生：我们武术社团关于没有专业老师教的金点子来自小琳，她说我们可以上网搜一些视频，我们认为这是一个好点子。

生：我们欢乐剧场社团选的金点子是煜民的，他说我们可以用相机拍视频做成微电影。

生：鑫怡给我们手工绘画社提供了一个金点子，她说我们可以组织同学们捐钱让团长去买材料，家里有现成的也可以捐出来。

生：关于我们益智游戏社团的场地问题，小悦提出可以在养正园进行活动，我们认为这是一个金点子。

生：霓霏说我们的人数不够，可以去拉拢喜欢音乐但不敢参加的同学。

师：拉拢这个词用得不好，应该说去鼓励喜欢音乐但不敢参加的同学。这个点子不错，但要注意用词。

生：我们新闻论坛社团采用的金点子是霓霏的，她认为可以在黑板上贴一张纸，让同学把建议写在纸上，由社团成员给予答复。

生：我们种植社团的问题没有解决，但耀晖想到了可以在家里种，种好了再拍照片给大家看，我们还选了一个银点子，炜成说可以让同学们捐一些盒子来种植，这个主意也不错。

【设计意图：通过开放问题相互选择，实现资源的有效回收，提高问题的解决效率。】

教师介入，突破难点

师：看来同学们的点子真不错，现在我们一起看看还有哪些问题没有解决，一是武术社团有关人很难管的问题，二是篮球社团训练时间的问题，三是种植社团能否要到菜地的问题。同学们，我们一起再想想办法吧！

生：我觉得我们可以跟学校申请一节社团课，这样大家就都有时间了。

师：这是一个好主意，我们可以试试。

生：武术社团人难管，我觉得管不了的同学可以淘汰，如果他不好好学，他来这个社团做什么。

师：希望武术社团可以制定制度，让成员知道要遵守哪些制度。关于能不能要到菜地的问题，这真是一个很难解决的问题，但老师已经帮你们解决了，我已经向学校菜地的负责老师要了一块地，我这个点子是不是也算是一个金点子呢？

生：（齐）是的。

【设计意图：教师适时介入，解决学生的实际困难，有效推动了活动发展。】

清晰目标，有效延伸

师：我们只是有了初步的想法，能不能真正解决问题，要靠大家去实践，我们可以边发现问题边解决。同时老师要提醒你们，社团的团就是大家抱成团，如果有人放手了，这个团就散了，所以我们要抱团奔跑。也许大家加入班级社团的初衷不同，有的只是觉得好玩，有的是想多学点本领，锻炼自己，但现在的你们可以有一个一致的目标，那就是把自己的社团打造成明星社团，为我们年级、学校作先例，树榜样。接下来我们思考一下班级社团最近的冲刺点在哪里？你们近期有什么目标？

生：舞蹈、歌唱和欢乐剧场的目标应该是进入艺术节的决赛。

生：我们篮球社团的目标当然是运动会的篮球比赛了。

生：手工绘画和益智游戏的目标应该是六一儿童节的 party 展出。

生：我们武术也可以在六一 party 上表演。

师：不管你们近期目标是艺术节、运动会还是六一 party，请各社团根据本节课所采纳的点子作好社团规划，咱们下次班会再见。

【设计意图：通过提出任务，有效延续，实现活动长程发展，提升活动育人价值。】

评　析

问题解决，让过程更加顺畅

问题解决类班队会，是以解决具体活动过程中的问题为目标的班队会。问题解决是直接锻炼和发展学生实践能力的资源，直接体现着学生的综合素养。从狭义上讲，问题解决仅仅指具体贯彻策划方案过程中的问题解决。就广义而言，活动的全程策划、践行、反思与重建都包含在其中。问题就是资源，问题就是契机，因此在学生发展过程中要珍视问题的教育性，切记不可盲目排斥问题、漠视问题。

谁来解决问题？

第一，学生是解决问题的主体。成人习惯于包办替代，替学生解决所有问题，这实际上剥夺了学生发展的权利，因此要果断地将问题还给学生，将问题解决的权利还给学生。这里的学生有两层含义，一是提出问题的学生和学生小组，他们是问题的责任主体，既要提出问题，发现问题，又要在其中综合各方面意见，形成解决问题的思路；二是其他同学和其他小组，要充分调动同学资源，尤其是智力资源，共同解决问题。

第二，班主任是解决问题的助手。作为活动的一分子，班主任绝不能放手任由学生自行解决，要从教育者的角度，保持适度的介入和指导；要引导学生讨论的方向，将主要精力聚焦在有价值的典型问题上，帮助学生走出思维的障碍，特别要在学生走向死胡同时，能够利用自己的智慧和资源为学生创造条件。

第三，其他人士是解决问题的资源。包括一些有资源支持可能的社会人士、家长、校内教师，他们能够及时为活动提供必要的智力支持、活动保障，值得注意的是，这些人员的引入必须也是通过学生本身和集体展开的，绝不是班主任的个人意愿。

如何组织问题解决？

第一，呈现问题。要鼓励学生用一定形式呈现问题，提出困惑，寻求可能的帮助，这本身就是对学生的锻炼，尤其是如何清晰表达问题，并将问题进行排序，对学生有较强的挑战和锻炼。在具体过程中，为提高效率我们建议像黄老师引导学生一样，提前在班队会之前就梳理出相关问题并呈现在全班同学面前，这有助于学生思考和提建议。

第二，聚焦问题。先要分析问题，分析问题的种类将不同的问题按成因性质进行归类；还要在分析归类问题的基础上，提炼关键性问题、典型性问题，将其作为班队会现场重点讨论的焦点，因为主题班会作为整个活动的节点事件，要高度集聚教育资源，在 40 分钟里要让所有学生有所收获，不能放任自流，要对其作精心设计，聚焦典型问题，过程中需要班主任的眼光与智慧。

第三，解决问题。这就涉及资源调用及其形式设置。先前我们说过，同学、家长、社会人士都是解决问题的资源，但如果每个人都集中说解决办法，太低效，因而要像黄老师一样，通过一定的巧妙形式，形成一定的结构，在"奔跑吧"活动里，黄老师采取的是金点子募集形式，效果很好，节约了时间，提高了采用率。

第四，升华问题。这关系到班主任的智慧问题，班主任要从问题解决中归纳梳理问题的一般性结构，寻找到问题解决的一般性策略和规律，引导学生在以后的类似问题处理上能有所迁移，还要在问题解决的同时敏锐地发现人的变化与发展，肯定和表扬思维品质好、态度积极的学生，形成示范效应，促进同伴学习，实现学生整体复杂性思维与创造性品质的提升。

大手牵小手，六一最不同

深圳市光明区红花山小学　王静

不断通过自省、自悟而有所获、有所得，不断通过对内在精神世界的改造而实现自我的发展，不断将自己作为教育的主体，这是高质量人生所不能缺失的构成条件。

——李家成，李晓文：《"新基础教育"学生发展与教育指导纲要》，第38页

儿童节年年都有，以往的庆祝方式不外乎是参加汇演、举办比赛、玩玩游戏等，但今年我们三（4）班的过法有些不同——和一（4）班小朋友一起庆祝儿童节！开展这种混龄活动很有意义：对于三年级学生来说，这是一次尝试，他们通过帮助和服务一年级学生，体会到了当学哥学姐的自豪与责任；对于一年级学生而言，这更是一次难得的体验，从中可以观察、模仿、学习，并在心中种下服务他人、关心他人的种子。庆祝活动后我们还开展了一次总结会，从一（4）班参与体验的学生及家长，再到本班参与筹备的学生个体，从个体再到小组，从学生再到老师，以特有的视角回顾六一庆祝活动前后的工作。

谈感受

回顾六一庆祝活动

师：同学们，上个星期五我们举办了六一儿童节的庆祝活动，下面让我们一起来回顾那些精彩画面吧！

（播放六一表彰、表演、游戏等场面剪影，学生认真观看。）

师：最后一个节目是我们班和一（4）班的小朋友一起表演的《虫儿飞》。一年级的小朋友站在中间，我们围绕在他们周围，呵护着他们，这个画面特别温馨。

师：一（4）班是小太阳中队，所以我们就给他们班送去了小太阳的画和头饰。这是多么有纪念意义的礼物啊！你们想得真周到！

【设计意图：在音乐中观看图片，带领学生回顾活动，适时小结活动中的闪光点。】

了解一（4）学生及家长的感受

师：参加完这个活动，一（4）班的小朋友和家长有话想要对你们说，我们一起来看看。

（播放采访视频，学生认真观看。）

生：大家好，我是一（4）班的海山。上个星期五我们参加了"大手牵小手"活动，我们和哥哥姐姐们一起唱歌、跳舞，我表演了《唐老伯有个小农场》。我也很喜欢哥哥姐姐们表演的节目。

生：我是一（4）班的喜苑。在"大手牵小手"活动中我们玩了很多游戏，我印象最深的是"萝卜蹲"，我玩得很开心。

生：大家好，我是小潇。星期五的时候，大哥哥大姐姐们为我们送上了亲手准备的礼物，谢谢你们！

家长：嗨，大家好，我是一（4）班小潇的妈妈，很高兴参加这次"大手牵小手"庆六一活动。这是我和孩子第一次参加这样的活动，从中我们获得了很多快乐和成长。谢谢三（4）班老师和同学们，让我们一起度过了一个快乐而难忘的六一！

【设计意图：从参与者的角度给予筹备者肯定，这是极其重要的鼓励性评价。】

交流自己的感受

师：听到一（4）班小朋友和家长的心声，你们有什么想说的？

生：我觉得做人要大方，因为六一儿童节是大家的，就好像我们学过的课文《太阳是大家的》一样，我们要像小太阳一样，点亮自己、照亮别人。

师：哇，太会学习了！你不仅从课文上学到"太阳是大家的"，联想到"六一是大家的"，还能了解和学习一（4）班的小太阳精神，说得太精彩了！此处应该有掌声啊！

生：我觉得六一儿童节的快乐是自己创造的，派对前我们努力地排练节目，在派对中发挥了很好的作用。只有付出，才有收获。六一派对还增强了我们和小朋友的美好情谊。

师：在帮助和服务学弟学妹的过程中收获了彼此的友谊。

【设计意图：谈参与活动的感受，激发学生对六一活动的感性认识。】

谈得失

节目组汇报

生：我是节目组的组长，我们组的成员有 11 人。根据节目我们分成了小品、舞蹈、笑话三个临时小组分开排练。小品是四人排练，舞蹈是多人排练，笑话是一个人排练。

（展示排练照片和视频）

生：下面我跟大家分享一件因为误会吵起来的事：某一天我们在教室里排练节目，正在舞蹈组的同学休息的时候，一位同学走过来跟我们闲聊了几句，舞蹈组长小颖以为她是故意来捣乱的，就很生气地阻止她。我看到了事情的经过，就向小颖解释清楚。小颖立刻纠正了态度，向同学道了歉。

师：有误会不要紧，解释清楚就能把误会解除，大家还是能和睦相处的。

生：表演开始前我忘记动作了，我越来越害怕，怕跳错会拖累他们。每个家长和同学们都看着我们，我心情很紧张。于是我紧紧跟着小颖做动作，生怕跟错，跳着跳着就没那么紧张了。

生：上场前，我的心怦怦直跳，站在一旁的小颖对我说："不要紧张，让心平静下来，这样我们的舞才能跳得成功。"

师：节目组的组长小颖积极鼓励组员，他们的表现非常出色，再次把掌声送给小颖和她的组员们。

食物组汇报

生：在准备过程中，我们组遇到了一个大问题，就是六一庆祝活动提前了，一些食物我们还没来得及做。

生：不过，我们组的沁洁做的柠檬茶很好喝；禹嬉家开了商店，为我们带来了很多健康美味的食品；彩瑶带了一个又大又圆的西瓜；思雅带了营养美味的寿司。

生：但是仍然有个别同学做得不是很好，比如子豪在小组讨论时跟别的同学玩，希望他改正，为我们组多想点好主意。

生：我们还出现了这样一个问题，就是在讨论过程中声音比较吵闹，还跑题了，希望以后大家能认真参与讨论。

生：总体而言，我们组还是有团结一致、永不放弃的精神的。希望我们继续保持这个状态！

师：都说男女搭配干活不累，两位同学详细地介绍了他们食物组的准备工作，说得非常清楚。让我们把掌声送给他们。

礼物组汇报

生：我们组的成员有晓涵等12人，大家亲手折了一些爱心、千纸鹤和百合花，在上面写上祝福的话，还特意在百合花下面系上了蝴蝶结。

生：我们要特别表扬小权，因为他提出了很好的意见；还要表扬世晴，她虽然是游戏组的成员之一，但给我们组提出了很好的意见，帮我们制作礼物。在这次活动中，我们感受到了"人心齐，泰山移"的精神，只有团结，才能取得更好的成绩。下次我们要做出更好的礼物！谢谢大家！

师：看来组长对每一个组员的表现都了如指掌，做得好的我们表扬，做得不好我们把问题提出来，希望他们下次做得更好。

游戏组汇报

生：大家好，我是游戏组的组长，组员有浩文等9人。我们准备的游戏有盲人摸水果、抢凳子、萝卜蹲。

生：在讨论时，浩文、庆炫、树沅三位同学的主意非常多，比如"盲人摸水果、抢凳子、萝卜蹲"这些游戏都是他们想出来的。在演示时，光盈、世晴、欣焕、官鸿非常认真配合。本来我们准备了五个游戏，活动当天因为时间关系只玩了三个。虽然工作安排表上有分工，但是有些工作人员没有做好自己的工作，比如树沅没有准备好眼罩、浩文没有数秒，在现场我们既当裁判，又发奖品，很辛苦。我希望下次不会出现这种现象。

师：老师也希望下次游戏组的其他同学能做得更好一些。

颁奖激励

师：这次六一庆祝活动后，一（4）班的小朋友们给表演的节目进行了投票，选出了"我最喜爱的六一节目"。（出示投票结果）获得最高票数（50票）的节目是舞蹈《舞动青春》，接下来，请德育处的孙老师为这支舞蹈的7位表演者颁奖。

师：感谢孙老师，也恭喜获奖的同学，正像小权所说的那样，只有付出了才会有回报，相信你们在背后也一定付出了很多，再次把掌声送给你们。

【设计意图：工作中的点点滴滴是成长的足迹，也是宝贵的经验教训，更是未来继续发展的基石。总结其中的得与失，使学生逐渐学会观察、评价同伴的表现，强化自身在团队中的存在感、对工作的责任感。】

谈不同

师：那么接下来我们就来聊一个话题，今年的六一庆祝活动跟前两年你们在学校参加的活动相比，有什么不同？

生：今年我们邀请其他班的同学跟我们一起过六一，前两年没有。

生：前两年的庆祝活动是学校举办，全校一起参加，今年是我们班自己举办的。

生：以往是学校安排社团汇演，这回是我们自己准备节目、表演节目。

生：前两年的六一我们根本没有做什么准备工作，就是看人家表演。在这次活动中，我们付出了，也收获了。

生：我觉得这次跟往年的儿童节大不相同，因为往年是学校为我们安排的，这次是我们亲手为一（4）班准备的。一（4）班很开心，同时作为三年级哥哥姐姐的我们也很开心！这次活动非常有意义。

师：跟其他班级比，咱们班的六一庆祝活动又有什么不同呢？下面我们请德育处孙老师来点评一下。

孙老师：同学们，这次三（4）班的"大手牵小手，一起过六一"活动非常棒，你们是全校第一个自主服务一年级的班级，发扬了"服务他人，奉献自己"的小蜜蜂精神，也分享了独特的儿童节的快乐，所以孙老师要为同学们点个赞哦！我还要鼓励其他班级向你们学习，更多开展手拉手活动。

师：谢谢孙老师的点评！我们都说不一样的班级要创造不一样的精彩，这一次，我们小蜜蜂班级真正做到了付出，有付出了才有收获。这就是小蜜蜂的精神——

生：服务他人，快乐自己。

师：这次六一我们不仅自己创造了快乐，还把快乐传递了出去，所以我们的六一——最不同！

【设计意图：从横向与纵向角度分析活动的特别之处，从而延伸到班级文化，强化学生对"奉献与服务"的认同感。】

总结分享，让价值加倍提升

总结分享类班队会，就是在班级活动开展的尾声阶段，以梳理经验、交流分享、评价表彰为主要内容的班队会。这是主题活动圆满结束的标志，也是对活动育人价值挖掘的最高阶段，直接关系到学生的自我反思。开展总结会，最核心的意义在于"扬长避短，继往开来"。活动体验过后，要让学生自主回顾过程，反思得失，小结收获，积累成功的经验，为后续更好地开展活动作准备，为日常生活体验打好基础。

总结什么？

第一，谁做了什么？在活动策划、推进、组织等过程中，活动主体具体做了哪些工作？为活动的开展作出了什么样的贡献？反之，哪些人员缺位了，哪些工作也可以适当作提醒。

第二，做的过程是怎样的？在实施过程中，具体面临什么问题、遇到哪些困难？是如何面对问题，解决困难的？发生了什么样的难忘经历？这些往往会成为这个活动的育人资源，如小组成员之间从摩擦争执到合作团结的经历，如克服勇气面对挑战的节点事件等。

第三，做的效果如何？前面所说的举措、事例，对整个活动的开展产生了什么样的影响？如果是积极、正面的影响，需要予以肯定、表彰、发扬；如果是消极、负面的影响，那就需要提醒，想办法避免甚至适当批评。

怎么总结？

第一，总体回顾。要立足于长程系列，从主题活动的选题论证、方案策划、动员准备、问题解决、现场组织等一系列过程进行整体式的回顾，最好能有一定的视频图片，甚至有标识性的歌曲口号予以呈现，既给学生直观的整体印象，也能唤醒学生的记忆及情感。

第二，全员分享。要通过多种方式促使每个学生对活动进行梳理，可以在班队会之前组织学生个人小结，然后以文字或图片的形式进行分享，也可促进每个小组以组为单位总结梳理自己的工作得失，并进行展示。

第三，多元评价。一个活动的参与者可能会有很多，如老师、学生、家长，又或者如活动策划者、组织者、体验者等，在总结会上，可以由不同的参与主体从自己的角度来总结自己的所作、所见、所听、所感。所谓"横看成岭侧成峰"，不同的人会产生不同的评价，引发不同的感受，这就使总结会在内容上显得更加丰富多样。王老师"大手拉小手"活动总结会，就专门精心设计了一年级小朋友们的评价，既真诚又可爱，极大地激发了三年级学生的自豪感。

第四，价值提升。在成事中成人，成事的目的是为了成人，因此要引导学生通过具体事情看到人的成长，特别是自己的成长和班级的发展，王老师这点做得很好。通过教师的巧妙引导，学生在总结中表达得非常生动："我感到六一节的快乐是自己创造的，派对前我们努力地排练节目，在派对中发挥了很好的作用。只有付出，才有收获。""我觉得这次跟往年的儿童节大不相同，因为往年是学校为我们安排的，这次是我们亲手为一（4）班准备的。"在总结中让学生看到了自己和班级的成长。

另外，总结也可以运用创新的形式，如口头汇报、PPT解说、情景剧再现、微电影呈现等，使总结会本身变成一个有趣且难忘的活动。

附　录

不同节点的班队会设计指南

类型	教育主题	教育要求	过程逻辑
选题论证类	让主题更受欢迎	围绕实际需要讨论活动主题，引导学生关注身边生活，善于发现问题，形成问题意识，促进思维的发散与聚焦	挖掘前"题"—提出问题—开放选题—论证主题
方案策划类	让活动更加可行	围绕主题设置具体方案，培养学生的整体思维架构，提升对具体成事的敏感性，培育实践能力	整体规划—分组策划—互动对话—优化计划
准备动员类	让参与更加广泛	围绕活动任务组织动员，促使学生明晰任务需求，根据需求挑选合适人选，提升学生的沟通与协调素养，以及必要的表达能力	骨干策动—自主流动—适度调动—全员乐动
问题解决类	让过程更加顺畅	围绕过程组织讨论，有利于提升学生对问题的敏感性、对过程的把控感，能够发现推进过程中的核心问题，并能分析相应原因，提出重建方案	呈现问题—聚焦问题—解决问题—升华问题
总结分享类	让价值加倍提升	根据活动全程组织总结，提升学生的自信心和成就感，促进学生积极发现问题、评价事情，并能对活动意义感进行放大，初步形成主题意识	总体回顾—全员分享—多元评价—价值提升

第五章

真系列，真生活

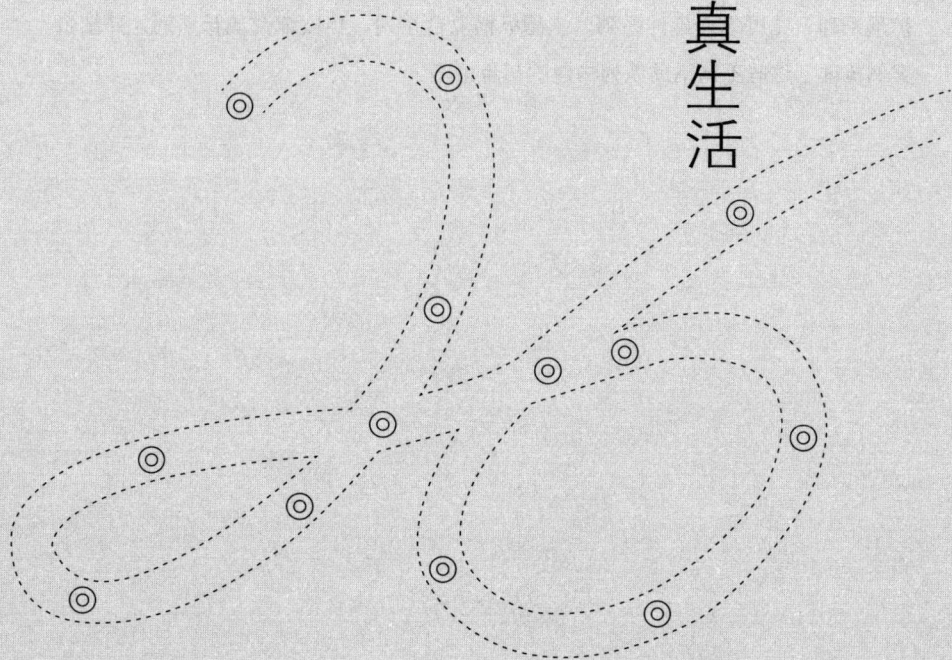

在系列活动中丰富班级生活，是班级活动育人的持续深化。学生不是一天就长大的，学生的发展也不是一次活动就能实现的，因此"新基础教育"反对散点式、碎片化的活动，倡导以整体综合的思维方式，强调活动系列的构建，希望在一定时间段里，通过有关联性的具体活动的系列开展，实现班级生活整体更新与转型。班主任老师要根据学生需要、主题特点、班级发展阶段等因素构建活动系列，促进学生整体主动、健康发展。

本章精选了五个活动案例，通过班级歌咏比赛、课间生活改造、财商主题教育等内容，提炼了班级活动系列构建的可能类型：活动前后长程系列、主题横向扩展系列、主题纵向延伸系列、主题纵横复合系列、年段综合成长系列，并结合案例梳理了这些不同活动系列构建的初步策略。

小太阳的嘹亮秋日

深圳市光明区实验学校　黄柳娟

　　将活动的整体过程"拉长",乃至于区分出不同的发展阶段与水平级,就能容纳更为丰富的资源。

——李家成:《班级日常生活重建学生发展》,第 193 页

　　2016 年 9 月,我接手了三(10)班班主任工作。这个班是如白纸一样、非"新基础教育"的试验班,我想尝试在白纸上描绘"新基础"色彩。我们虽然是小太阳班,但学生表现比较腼腆,这与一开学对家长进行的问卷调查中的反馈是相对应的,家长们纷纷表示希望孩子变得大胆一点。除了不够自信,学生对于班级活动没有概念,能力上和个性上的发展是本班学生当下最需要解决的,因此需要一些平台来激发学生的参与积极性,提升其自信心。一次偶然的机会,我想到了班级同唱一首歌,因而就有了"小太阳的嘹亮秋日"系列活动。

逗号般的前移活动

　　前移,就是活动前期的准备,活动准备越充分,活动效果就越可靠,孩

子得到的锻炼可能就越大。因此，要像句子中的逗号一样，不断为活动创设准备活动。

9月30日国庆节前的班会课，我给大家播放了林妙可版本的《歌唱祖国》，虽然不太会唱，但学生很喜欢跟着唱，我随即想到一个问题：国庆假期学唱爱国歌曲会不会是一种教育资源？就在这节班会课上，我向大家提议在国庆期间学唱这首歌，国庆过后以部落（部落是我班的一种内部组织，类似于小队）为单位编排这首歌，然后进行比赛。

自主尝试

我在班级QQ群上传了这首歌，并向家长发出通知，让孩子们在国庆期间学唱，请家长分享一段孩子学唱的视频。在反馈回的视频中我发现了孩子们的创意和投入：有拿着红旗当道具的，有边演边唱的，还有一个穿着校服，戴着红领巾，敬着队礼唱的。

国庆回校后的第一次训练在运动场，孩子们很兴奋，特别是男生，在运动场上跑来跑去。我在旁边观察，发现女生最多的梦想部落是最认真的，当小首领在给大家编排动作时，大部分同学非常配合，个别男生做小动作时小首领会大声批评他们。最不认真的是希望部落，他们的小首领是自荐的，似乎小伙伴们并不服她。

外部协助

排练效果不理想，怎么办呢？我想到了外部借力。我们班的学生没有任何举办班级活动的经验，可以与六年级的学生合作，向六年级的学生学习活动的组织策划，而六年级的学生在牵手活动中也能为母校献上一份特殊的毕业礼物，于是大家一拍即合。活动正式开展，我们五个部落的小首领一一与指导组的哥哥姐姐们握手，希望为期一周的手拉手活动能给两个班的孩子们带来丰富的体验。

接下来的几天，我外出听课了，听课前我都会到教室了解一下训练情况，各部落之间的差距越来越大：种子部落进步很大，孩子们非常团结，我猜最主要的原因是他们的小首领也是一位男生，似乎男生与男性小领袖更容易合作，但希望部落和向日葵部落的表现不尽如人意，还有两个男生把六年级的姐姐惹哭了。

第五次训练在教室走廊上，下午就要比赛了，气氛变得紧张起来，小首领们主动组织大家训练。可怜的希望部落小首领竟然坐在地上哭了，希望部落还有希望吗？六年级的姐姐过来帮忙支招，果然希望部落的孩子们又开始了练习，这一次所有的孩子都很认真，小首领把小伙伴们分成两组练习，由她和另外一个女生来把关，怎么变化那么大？哈哈，被我发现了，原来小首领准备了贴纸，会给表现好的小伙伴奖励贴纸。

感叹号般的活动现场

现场是活动的主体，万众期待，因此要精心设计，巧妙安排，让其不断迸发出精彩，呈现一个个感叹号。

2016年10月14日，我们班的孩子们在布置一新的音乐室正式进行了"同唱一首歌"的比赛，家长代表、音乐老师、六（2）班的部分学生和老师及一些同事参与了本次活动。

首先上场的是最团结的梦想部落和最自信的向日葵部落，他们表演完之后请音乐老师点评，音乐老师的建议是队形可以多点变化。

接下来上场的是最令人担心的希望部落，跟以前比这一次他们的表演有了很大的不同，所有的孩子都在认真地演唱着，表演完之后所有的人都热烈鼓掌。我现场问了一个男生："为什么现在比以前进步了那么多？"男生说："因为我们努力训练了。"我问："为什么努力训练了？"男生说："因为有贴纸奖。"我再问："还有呢？"男生说："还有就是首领哭了。"同学们笑了。

最后要请出友情演出的六年级的哥哥姐姐们，一直坐得好好的学生躁动起来，有些坐在后面的孩子还站了起来。孩子们很好奇地看着六年级的表演，对他们更丰富的表演形式表示了欣赏和崇拜。这是学生向他人学习的过程，也是手拉手活动的意义之一。

最后公布了个人单项奖，由前任班主任金老师为获奖的同学颁奖，孩子们自发地在舞台上排成一排接受祝贺和掌声，并自觉地站好等家长来拍照，这一刻，他们在这个舞台上是自豪的。团体奖没有公布，准备在下次总结班会课颁发，希望以更聚焦的方式来提升本次活动的价值。

省略号般的后续活动

以前带的那一届学生，我们共同开展了很多丰富的活动，但都有一个共同的问题，那就是缺乏后续对活动价值的再开发，最多就是开一次总结班会。我认为后续活动不能是句号或感叹号，而应该是省略号，省略号代表有很多的想象空间。

从感性的体验到理性的思考

周一下午六（2）班的同学如约而至，来到我们班为大家颁奖。种子部落大获全胜，拿下了三个团体奖，他们沸腾起来。其他两个没有获团体奖的部落果然有点失落。种子部落与其他部落有什么不同，差异在哪？我首先请六（2）班的学生点评，差异一：团结程度；差异二：与他人合作的程度；差异三：表演形式的丰富性；差异四：演唱的专业程度。同时请种子部落的学生进行自评，接着让其他部落的同学点评，让学生理性地认识到种子部落值得拥有这些荣誉。我要树立标杆，不要求每个组织都齐步走，但一定要向走在前面的组织看齐。

我还通过对部分学生的访谈和对全班学生的调研，让学生看到自己的变化、他人的变化、班级的变化。从数据中会发现，最突出的是团结意识增强，认为"本次让我们班更团结"的达到了96.49%，这也是本次活动最大的意义，而所占比例最小的是在学生的创造力发挥方面，认为"自己在本次活动中发挥了创意"的只有63.16%，也反映了手拉手活动中过多地依赖六年级的学生，但也可以看出学生渴望能有自己的创造，对于下次活动自己来举办信心满满。

从理性的思考到情感的升华

六（2）班大哥哥大姐姐在同唱一首歌比赛中起到了重大作用，我们要感恩回馈他们。五个小首领开始做感恩卡，大家一致认为由最擅长画画的Mary来担任总负责人，由Ken和Luke撰写感恩卡上的字，Luke建议在给六（2）班学生送感恩卡时设计一下，比如说唱《感恩的心》，这个建议被采纳，由Linda和Angel负责编动作。他们还请诗社的Anna写了一首小诗。这个新的组合利用课间时间想台词，练动作，细致到出场顺序和站姿声调。

在周四品德课的最后几分钟，他们在本班先演示了一遍，同学们热烈地鼓掌，接着就去了六（2）班教室送感恩卡，受到了他们班同学非常热烈的欢迎。

从情感升华到新的实践

"胜利的歌声多么嘹亮"，在这个特别的国庆节活动中，组织建设迈出了第一步。学生自信心提高了，班级凝聚力增强了，组织策划能力萌芽了，学会了感恩，学会了换位思考。我鼓励学生们将在同唱一首歌比赛中学到的内容迁移到新的活动策划中去，为接下来的运动会、班干部选举作好准备。

评　析

深度开发，拉长活动前后过程

主题活动长程系列性，其核心要求是将基于学生成长需要的活动作长程规划，既可以长达一周两周，也可以长达一月数月，将活动的整体过程拉长，乃至区分出不同的发展阶段与水平级，这样就会让活动的资源更丰富。这其实就是改变单一、片面、割裂的活动观，将原来一直采取的点状活动进行扩充丰富，形成一条有相当长期的线条，甚至于一个面。可想而知，学生在这之中参与社会就会更加深入，得到了锻炼也会更多，育人价值自然就会得到更好的挖掘。因此，在实践意义上实现单一活动的长程系列化，主要就是深度开发，放大活动过程价值。结合黄老师的活动，我们认为有三点比较重要。

第一，全线拉长。这是从时间长度意义上而言的。将原来一两个小时的活动进行前移、后续式的扩充，变成相对完整的时间段。所谓前移，是指活动前期所作的准备，开展的必要教育活动。所谓后续是指主体活动之后，要有进一步的后续教育安排，或者落实教育活动中生成的各种要求，或者监督检查落实情况，或者提高要求，开展更高层面的教育活动。[①]以"小太阳的嘹亮秋日"活动为例，10月14日正式比赛之前的所有活动都是相关准备，从9月30号下发任务通知开始，国庆期间的个人学唱，国庆之后小部落的排练合唱，六年级学长的指导学唱，以及正式比赛前的彩排合唱等，都是很有意义的前移活动。

第二，单元细分。这是从时间密度意义上而言的。一段同样的时间，如果我们能够细分成不同的时间块、时间段，并在其中安排有针对性的活动，必然会在内在意义上提高时间的使用效率，远比放任更有价值。正因为如此，"新基础教育"强调，通过前移后续区分出不同的发展阶段与水平级，给学生更大更多的参与机会。特别欣赏黄老师对后续活动单元的安排，一般而言，活动后续往往呈现为一个总结会、表彰会，然后完毕，但是在小太阳活动中，教师借助分别开展的团队表彰总结、个人反思、全班调查，让同学们看到了差异，看到了进步与变化，更加突出的是教师还利用六年级的资源开展了回访与感恩活动，不仅延续了班级之间的联系，并在其中锻炼了学生的策划与表现能力。

第三，节点放大。这是从时间开发效率意义上而言的。要充分重视选题论证、方案策划、准备动员等节点班队会，提高班队会的教育效果，放大班

---

① 李家成，李晓文．"新基础教育"学生发展与教育指导纲要 [M]．桂林：广西师范大学出版社，2009：77．

队会的育人价值。以黄老师组织的现场比赛看，她从改变比赛环境入手，就为比赛注入了不一样的意义，引起了同学们的重视，然后通过邀请家长、老师、高年级同学作为评委老师，开展互动对话，为同学们开启了多种交往可能，特别是六年级学生的表演，更加增进了同学们的现场学习。另外教师的现场介入与点评也是一个重要因素，黄老师以小太阳形式幸福出场，中间与同学的对话都有效地推动了过程的发展，放大了过程的教育价值。如此等等，超越了普通的一次比赛，更有教育品质。

我的班级我做主

深圳市光明区长圳学校　黄莹

要围绕中心主题将其内涵丰富化，设计不同维度的一系列活动，形成一个有核心目标又丰富多彩的"教育之场"。

——李家成、李晓文:《"新基础教育"学生发展与教育指导纲要》，第77 页

我于 2014 年 9 月接手三（3）班，我发现这个班级的学生个性比较鲜明，爱表现自己，自我意识很强，但同时班级也存在不少问题：学生仪容仪表不合格；迟到现象严重；早读无法自觉开展；课堂纪律和课间纪律堪忧；收作业拖拉……虽然班内多名班级干部都在积极、尽心尽责地管理，但是效果仍不显著。因此，我抓住学生自主意识强烈的特点，设计了"我的班级我做主"系列活动，旨在引导他们学会合作，共同进步，增强集体凝聚力，促进班级内部的良性发展。

我的班委我选举

开学不久，经过对班级的仔细观察和系统调查我发现：班干部的分工十

分混乱，职责也不明确，每个班干部都认为自己的职责就是管好纪律而已，而且管理同学除了大声喊、记名字、罚站，没有其他的办法。学生们普遍表现出对班干部不服气。于是我决定开展一次班干部竞选，通过毛遂自荐与民主选举相结合，选出班级的核心班干部、班干部、小岗位负责人、班干部监督团成员。

第一个环节，我首先出示平时抓拍的班级环境、列队情况等照片，让学生谈一谈班级存在哪些问题。接着提出疑问："你认为怎样的班干部才是好干部？"最后公布全班同学讨论出来的评价标准。第二个环节，公布由民主投票选出来的班干部候选人，他们事先分成两队，每队3人，组成两个班级核心团队。经过紧张激烈的工作述职、竞选宣言、情景问答，全班同学在评分表上打分，为自己认可的团队投票。最后，静睿、铱倍、泽慧团队胜出，简单的宣誓仪式结束后，我庄严地为孩子们颁发任命书，并对他们将来的工作提出了希望和要求。

有了这一次较为成功的经验，我们班通过竞争上岗的方式选出了其他的班干部和小岗位负责人，所有选出来的班干部任期一个月，在任期里，班干部监督团成员每天都会对他们进行量化评价，每周班会课向全班同学公示对各个班干部的考察情况，一个月后，由科任老师、全班同学进行投票，决定连任还是换人。

本次活动真正让每个学生都感受到了自己是班级的主人，人人都有机会，人人都有权利。班级设立了更多的小岗位，学生开始明确自己的分工与职责，管理能力、监督能力、自我反省能力都有了一定程度的提高。

我的活动我参与

经过一个学期的磨合，班干部工作基本能够进行良性运转，班级总体在朝好的方向发展，但是仍有个别学生集体观念不强，影响了班级工作的开展和班级精神的建设。比如班级午休经常因为几个提早到校的学生不遵守纪律而扣分；年级 100 米跑步比赛没有获奖的学生受到拉拉队的嘲笑和指责；校运动会女子 400 米和 800 米比赛由于无人愿意报名而被迫弃权……因此，增强全体学生的班级凝聚力和集体荣誉感迫在眉睫。恰逢学校将举行春季运动会，于是我与同学一起设计了"向运动会出发"的系列活动。

本次活动具体分为以下几个环节：

1. 动员仪式与现场报名。主要是通过上一届获奖学生的经验分享和传授，发动全体学生积极参与运动会，本着"重在参与"的理念，鼓励学生大胆挑战自我，突破极限，绽放不一样的光彩，同时倡导同学之间互相鼓励、互相欣赏，充分发挥体育精神。

2. 入场式方案的征集与修改。目的是通过运动会入场式演出的自主策划和训练，让学生学习如何让班级有序、有效地参与到学校活动中，提高班干部的组织能力和管理能力，同时也希望通过临时小队的建立与运作，提高所有学生参与班级活动的积极性，增强学生的班级主人翁意识，提升学生的工作能力，更希望通过群策群力参与到运动会入场式演出中，激发集体荣誉感，增强集体凝聚力。学生分别从队形队列、班级口号、道具与服装、动作设计四个方面对入场式进行策划、展示、讨论、修改、练习，在短短两周里自主完成了设计和训练，获得了"入场式优胜奖"。

3. 赛前训练的规划与安排。要想获得"运动会成绩优异奖"，就必须进行有针对性的训练以及战略部署。运动员们分为田赛组和径赛组，自己选派组长，自己约定训练时间和训练方式，利用早操后、放学后的时间进行各项训练，同学们机智地请来了田径队的哥哥进行指导，得到了体育老师的肯定和赞赏，孩子们的士气异常高涨。

4. 后勤准备与分工。运动会召开的前两天，由班长和体育委员主持，召开了一次"运动会筹备工作会议"，通过提议、讨论、投票的方式，确立了本次运动会需要设立的临时部门。卫生部：负责现场的保洁工作；通讯部：负责稿件的收集和上交；后勤部：负责安排学生到检录处检录；按摩组：负责照顾参赛运动员，及时做好搀扶、送水、按摩等服务；拉拉队：负责为运动员呐喊助威；安全岗：负责维持场内外班级同学的秩序和纪律，防止安全事故；监督员：检查记录各小组的工作状况，进行替补和轮换安排。学生自主投票选出各项目负责人，负责人根据实际需要，利用课余时间招募自己需要的人员，进行培训和分工安排。

5. 颁奖与总结大会。有了相对比较细致的策划和布置，本次运动会我们班级获得了从未有过的好成绩，涌现出了一批优秀的运动员，我郑重地为运动员写了颁奖词，并配上运动员进行曲，一一为其颁奖，与其握手致谢，颁奖过程中掌声热烈而持久。除了表彰获奖的运动员，我还特意设置了"感动三三运动员"这一奖项，肯定那些为了班级荣誉坚持不懈的运动员，并为其颁发奖品。最后，我还组织全班同学评选出了本次运动会的"杰出工作部门"，最后花落"入场式动作设计组"，实至名归。本次表彰覆盖了全班大部分学生，孩子们大受鼓舞，我也趁机利用监督员反馈、采访、写悄悄话的形式让学生发现和总结本次运动会的不足之处，思考改良方法。

我的教室我布置

低年级时，受到学生思维能力和动手能力的限制，班级环境的布置主要由教师主导，选择个别能力较强的学生进行辅助。到了中年级，学生无论在意识上还是能力上都有了一定的提高，由学生自主布置班级环境的时机已经成熟。由于学生已经有了一定的自主实践基础，这一次我打算将权力再下放一些，活动范围再扩大一些，技术难度再增加一些，于是我将本次活动按顺序分为以下三个阶段开展：

第一阶段：展开调查。在一天内，利用课余时间，由小组长带领组员分楼层参观学校各班级的环境布置，包括一块室内展板、两块室外展板、室内环境三个方面，小组成员做好摄影、讨论、记录等工作。目的是希望通过比较，激发学生自主参与的热情；通过借鉴，拓宽学生的眼界；通过交流，提高学生的审美能力。

第二阶段：分工合作。四个小组分别承包一块地盘，由小组长根据每位同学的特点进行分工，安排设计人员（查资料、绘草图）、布置人员（上色、剪纸）、协助人员、采购人员等，在两周内共同完成布置。各小组的同学各有创意，各司其职，在实践中真实地体会到了合作的快乐与成就感，也尝试去面对和解决合作中产生的矛盾。

第三阶段：多元评价。本次班级布置的评比活动由级组长进行评比，为了避免孩子得失心过重的局面，引导孩子正确理解活动背后的意义，我特意邀请了美术老师、六年级布置教室环境的哥哥姐姐来评价，也让不同小组互相采访、点评，交流合作过程中不为人知的故事，让学生明白重在过程而非结果，也清晰下一次如何改进可以提升效率和效果。

虽然学生第一次自主布置教室环境的过程中遇到了许多难题和阻碍，呈现的成果看起来也比较粗糙，甚至有许多缺陷，但在建设班级环境文化的过程中，学生收集和整理信息的能力得到了锻炼，班干部组织和管理的能力得到了提升，全班同学合作与分工的意识得到了强化。

通过这一年班级活动的开展，孩子们不断地得到锻炼和成长，班级也有了进步和发展，"运动会道德风尚奖""运动会男子、女子接力赛二等奖""古诗背诵团体特等奖""班歌比赛一等奖"……孩子们共同分享合作的胜利和快乐，也学会了面对、处理、解决合作中的矛盾和冲突。

评 析

优化结构，促进主题横向扩展

主题活动横向系列，是同一主题横向扩展，围绕活动目标开展多维度的教育活动，从而形成一个有核心目标又丰富多彩的教育之场。这里需要区分的是，纵向系列主要是在梯度层面对主题的延伸，让学生对主题认识更加深入，而横向系列则是在维度层面对主题的扩展，让学生对主题认识更加全面。要在此基础上将主题与学生需要及班级需要相结合，进行有意识的渗透，有利于学生与班级的共同发展。但是必须注意，全面是相对的，绝不能够也不应该穷尽所有维度，因此一定要牢牢把握核心主题，优化内容结构，真正促进学生对中心主题的内化，促进学生的发展。具体来说，结合黄老师的系列活动，要注意以下三个方面。

第一，主题维度要清。现实中很多班主任喜欢建立横向系列，看起来很美，但实际效果并不尽如人意。如某班级感恩主题系列，从感恩父母、感恩师长开始，然后延伸到感恩同学、感恩校工、感恩朋友、感恩学校、感恩自然、感受社会、感恩传统、感恩天地、感恩世界，最后又回到感恩自己。最后活动做完，学生自己也麻木了，究其实质，就是活动具体的结构不清晰，所有维度都往上堆，最后变成了拼凑，表面化现象严重，因此我们提出横向系列，要优化结构，改变上述主次不分现象，要围绕核心目标合理架构，不能做成大拼盘。这里的策略之一，就是要抓大放小，要抓住主要矛盾划分关键维度，避免无谓的交叉重复。黄老师的三个活动，实质上是班级日常生活的三个维度：班级组织建设、班级主题活动、班级文化建设，相对独立，相对清晰，不会让学生产生审美疲劳，并在其中促进学生的真实发展。

第二，内容选择要精。说到底，主题内容的选择只是手段，学生真实发展才是目的，因此活动内容必须是与学生成长需要相结合，学生需要就选择，学生不需要或者需要不强烈就暂时搁置。对于大家普遍需要的主题，可能也存在结构化的差异，有些学生在这方面有需要，有些学生在那方面有需要，这就需要班主任老师作比较深入的调查研究，并通过具体活动设置，满足学生普遍的共性需要。

事实上，在班级建设中，组织建设、主题活动、文化建设这些大维度中有许多活动可以开展。以班级文化建设为例，教室布置、班徽设计、班名征集、班歌评选、规章制度修订等都可以做，但如果都做时间不一定允许，效果也不一定好。黄老师重点选择教室布置进行切入，不但很好地支撑了"我的班级我做主"主题,也对其他类似活动有迁移作用。

第三,活动组织要实。"新基础教育"强调活动一定要做扎实有效,要通过过程拉长、资源引进,创设丰富多样的学生参与机会,促进学生真实的投入。黄老师的三个活动都非常细致,尤其是"我的比赛我参与",围绕学校春季运动会,全班同学在班主任引导下先后组织动员会、入场式策划会、赛前训练布置会、后勤工作筹备会、总结颁奖会,充分放权,让学生自主组织,真正落实了"我的班级我做主"的核心主题,动员了所有同学参与到运动会的训练、竞赛与服务中来,在不同层面促进了每个学生的发展。

课间我们可以这样做

深圳市光明区光明小学　田宇燕

　　系列化的活动设计，并不是相同内容的简单重复，而是层层深入，加深学生的体会和感悟；是不断深化认识，不断更新行为，不断追求更高水平内化的过程。

　　——李家成，李晓文:《"新基础教育"学生发展与教育指导纲要》，第77 页

　　在紧张的课堂学习之余，"课间十分钟"是孩子们充分休息、自由活动的时间，是孩子最快乐的时光之一。但一年级学生注意力不集中，自我控制力比较差，特别是存在一些课间无序和打闹等不良习惯，所以老师每节课下课都会在走廊上引导孩子，不能跑，要喝水，要上厕所。但"管"不是解决问题的根本方法，应该转向"育"。

　　为了让学生的课间成为快乐好玩又安全的时间，开发"课间的教育学"，围绕"课间可以怎样做"主题，我们在班里开展了三次系列活动。

"课间我要这样做"

一年级学生进入小学才几个星期，缺乏良好习惯，下课特别爱打闹玩耍，安全意识薄弱，基于学生的现状，怎么让孩子养成良好的课间行为习惯，让孩子在课间真正得到休息呢？基于本班情况，我首先策划了一次主题为"课间我要这样做"的活动，让孩子了解课间要做的相关事项，培养他们的课间良好习惯。

第一，用具体榜样示范习惯。邀请一年级小学生参观高年级大哥哥大姐姐们的课间活动，引导他们形成正确的课间意识，更好地融入学校生活，然后请高年级的大哥哥大姐姐们来班里作正确示范，对学生进行指导和帮助。在评价阶段，我们还请高年级的同学来颁奖，用外在动力来激励学生内化习惯。

第二，用生动形式强化习惯。为了养成良好的课间习惯，通过自编顺口溜、歌谣"看课表，拿回书，拿出书，喝喝水，上厕所"的方式让孩子更容易记住课间的准备，促使学生规范意识的产生和内化，让他们乐于用规则指导自己的行为。同时在班级设置了每日提醒栏，把顺口溜手抄报贴在黑板上，让"每一堵墙"变成"无声的导师"，让"每一个角落"成为"文明的源泉"，让平凡的教室成为无声胜有声的教育风景线。

第三，用小岗位监督帮助巩固习惯。设计课间黑猫小警长和小组长，分别履行监督和下课前温馨提醒的职责，引导学生在岗位中树立服务意识，提醒和帮助别人。

第四，以多样评价促成习惯养成。每天放学前利用3至5分钟的时间，让学生围绕"安全、放松、课间准备"三个核心内容，为自己的课间表现打分评价。对于表现好的学生，老师根据学生表现发放一定的奖品。根据一年级孩子的身心特点，通过自评、互评、老师点评，让学生了解自己，学会观察他人，在评价中学会互相鼓励，互相学习，树立信心，从而产生努力的动力，明确前进的方向。

"课间我要这样玩"

"课间我要这样做"活动一个月后，学生的习惯养成有了很大的提升，下课有更多时间玩了，那么学生可以玩什么呢？什么是真正的课间生活呢？苏联教育家阿莫纳什维利的《孩子们，你们好》这本书引起了我的思考，尤其是其中"关于课间的教育学"的论述，让我知道了让学生体验丰富多彩，得到放松和休息才是真正的课间活动。为此，我们再次策划了第二个活动"课间我要这样玩"，将游戏引入课间。

第一，搜集游戏。从学生立场出发，通过下发"课间游戏调查表"，引导学生在爸爸妈妈的帮助下了解、搜集更多适合课间的游戏。学生和家长的创造力和积极性是无限的，有些学生在家长的帮助下把游戏的玩法写下来，下课就找自己的同学一起玩。

第二，聚类优化。把学生分成益智游戏组、静态游戏组、动作游戏组，学生下课后根据各自感兴趣的主题，自愿结伴，共同筛选及优化。经过讨论，益智游戏组选择了拼图、飞行棋、花绳、魔方等四种经典游戏；静态游戏组选择了阅读、折纸、绘画、植物观察等四种容易开展的活动；动作游戏组则拓展了马兰开花、一二三木头人、你画我猜、伦敦桥、剪刀石头布等趣味项目。

第三，分享展示。通过分享展示，给学生提供展示的平台，锻炼孩子的胆量和语言表达能力。通过班队会，把优质资源介绍给班级的孩子们。在分享过程中，一些创新性的新型游戏，如用脚玩的剪刀石头布、从你画我猜扩展出的你说（写）我猜等，受到了大多数孩子的喜爱。

通过这次活动，学生们知道了多种游戏的玩法，课间一下子就热闹起来了，有事可做，有游戏可玩，孩子们真正享受到了课间带来的快乐。

"课间我还要这样玩着学"

又过了一段时间，学生们基本熟悉了全部游戏，新鲜感减弱了，挑战感缺乏了，再加上临近期末，学习任务开始增多，因此我开始思考，能否根据一年级孩子的特点和实际情况，通过把好玩的游戏和学科整合融通，引导孩子们下课时自愿选择一些能在玩中掌握知识、贴近生活的游戏呢？孩子对游戏的创造力给了我很大的灵感，特别是马兰开花的游戏，把游戏和数学联系一起，学生在玩中学，学中玩，既能够放松心情，又能够收获知识，就样就有了第三个活动"课间我还要这样玩着学"。

第一，学生自主策划。孩子们进行了热烈的讨论，在相关学科教师和家长们的指导下，大家提出了许多有意思的课间创意玩法，比较受欢迎的是通过开店铺的形式开展活动：拼音超市、外贸助理、收集才艺店和食品店等。

第二，老师及时介入。开店需要考虑分工合作，组内要互相帮忙和协助，具体要考虑活动的游戏规则、道具准备、海报、人员如何分配等，这对一年级学生来说是有难度的，老师需要经常介入，解答孩子的一些难题，引导更多的学生主动参与。

第三，捕捉育人资源。各个小组、各个孩子都在积极行动着，有些孩子为了做道具，连续一周做完作业就动手做了。有些孩子下课放学会主动聚在一起讨论商量，提前模拟买卖环节，特别有责任心。更多的是孩子之间有一些小摩擦，经过合作也慢慢和好了。这些故事和资源，需要老师去捕捉和搜集，适时在班队会上放大，让更多的孩子得到成长。

店铺	拼音超市	外贸助理	收集才艺店	食品店
游戏规则	要开超市了，可是东西都还没有按类别分好，请同学们帮忙分类。篮子里有很多拼音宝宝。请同学们拿出来，找到相应的物品并拼给店长听。找对物品，并且拼对了可以过得相应报酬。找错和拼错没有报酬。（场地：讲台后面）	开了一间外贸水果店，可是我太忙了，没时间去跟外国朋友拿货，我需要会英语的助手帮我去拿，谁愿意帮我呢？1.和角色扮演的外国人进行交流。2.顺利买到水果，获得相应报酬。（场地：走廊）	如果你有才艺，过来我们这里展示展示，可以获得报酬哦。在舞台上表演一个节目，可以唱歌、跳舞、表演魔方、跳绳等，得到观众的掌声，即可获得报酬。如果你有好的美术作品，可以拿给我们，好的可以来兑换报酬哦，我们用于粘贴在黑板报上。（场地：讲台）	拿到的报酬知道有什么用吗？可以来我们这里换礼物哦。海报上有物品和价格，如果你想换哪些，请跟店长说一下你的计算过程。计算对了，可以用报酬换礼物。（场地：老师办公室走廊）

经过一系列活动，课间时间由管变成导，学生课间生活逐步呈现出"自管，有序，有趣，有意义"的新特征，学生在课间的教育时间中得到了成长。

评　析

清晰梯度，推动主题纵向延伸

同主题纵向系列，实际上就是围绕同一主题，在不同时间段或年段进行不同程度的挖掘，形成梯度，从而构建相关活动系列。

活动的开展离不开人的发展，因此结合学生成长的需要。从时间纵向来看，一个主题可能在不同时间段会出现不同的需要，前期通过一次活动解决了这个问题，可能过段时间，会出现另外一种状态，急需解决另外一种需要。这需要老师有动态生成的能力，形成纵深发展的系列，由表及里，由点到面，不断深化研究。因此，围绕同一主题不断实现动态推进，不仅有利于对主题的深入认识，更有利于加强不同活动，满足不同阶段学生的需要，实现学生的不断成长。具体到构建同一主题纵向系列的实际过程中，非常重要的是搭建合理、清晰的梯度。结合田老师的活动，我们认为主要应注意以下方面。

第一，学生需要梯度要清晰。学生的发展是动态的，每天都在变化，其成长需要也要发生变化。作为班主任教师，一定要加强对学生的研究，保持对学生成长中出现新问题、新希望、新可能的高度敏感，从而对学生的成长不断清晰，形成梯度化的认识。

田宇燕老师围绕一年级第一学期的三个不同阶段，通过观察与反思，单就课间这一环节就找到了学生的不同需要。开学初，孩子们需要习惯养成，适应正常的学校学习生活节奏；一个月后，孩子们基本适应后需要得到放松与休息，加强交往，获得多方面体验；临近期末，孩子们面临上小学后的第一次检测，既想玩又想学习，如何沟通"玩与学"，成了他们的真实需要，老师根据不同需要设置相应活动，很自然地就得到了学生的欢迎。

第二，活动任务梯度要清晰。在不同时期，面对同一问题学生活动无论在任务难度还是在交往广度上都要不断提升，形成自身发展的不同层次，在任务难度上要从简单向复杂不断加深，在交往广度上要从单一向群体发展，从而为学生发展提供不一样的时空。

田宇燕老师的三次活动安排很有意思，第一次是"课间我要这样做"，主要内容是遵守纪律养成习惯，学生们更多的是听从、模仿与坚持，在交往上更多的是个人行为，情感体验是不清晰的。第二次是"课间我要这样玩"，主要内容是参与游戏，学生们需要主动学习与参与，在交往上更多的是同学之间，情感体验是积极的。第三次是"课间我要这样玩着学"，主要内容是学科融通，不仅是游戏，还加上了学习元素，更为丰富，交往上更多的是群体交往，情感体验更加积极，体现了很好的梯度感。

第三，主题内化梯度要清晰。要让学生对主题本身有更深入的认识。关于对课间到底应该做什么的认识，相信学生在连续三次活动后认识会不断发展。第一次活动后，学生有可能的印象是，课间等于喝水、上厕所，比较单调比较局限；第二次活动后，学生印象应该会有所改变，原来课间也是好玩的；第三次活动过后，学生印象可能更深刻，原来课间也是缤纷多彩的，也是富有创造性的。随着年段不断增长，学生会慢慢认识到课间不只是放松，不只是注意安全，不只是休息，而是有着丰富的教育资源，其实是另外一个教育时段，需要另外一种教育学习方式，由此迁移，学生就有可能开发一些空白的教育时段，包括放学后、午间、周末、寒暑假，从而促进学生的终身学习。

财商是这样炼成的

深圳市光明区玉律小学　徐苗佳

　　学生的成长不是一天完成的，这是再简单不过的道理。但当前很多上级布置的主题活动则是在特定时间内完成后，就难以再持续；不同主题活动之间也往往是割裂的关系，缺乏内在的有机性。这就需要强调主题活动的长程系列性。

　　　　　　　　——李家成：《班级日常生活重建中的学生发展》，第 192—193 页

　　经济全球化的来临，使得财经素养成为人们综合素养的重要组成部分，财经素养教育也越来越受重视。在这一背景下，2014 年 9 月，从发现学生在零花钱方面不恰当的使用情况开始，我们班相继开展了跳蚤市场、爱心市场、爱心捐款等一系列财商主题实践活动，形成"我会挣钱啦"系列活动；2015 年 9 月，我们班成立了"班级银行"，"班级银行"下又成立了"赚钱俱乐部""花钱俱乐部"和"理财俱乐部"，在三个部门的带领下分别开展活动并形成"我会理财啦"系列活动；2016 年，活动再次升级，成立"财商学院"，并设立"财商学院基金会"，开展"我会金融啦"系列活动，孩子们和我的财经素养都有了不同程度的提高。

"我会挣钱啦"系列

四年级时，针对孩子们在零花钱的使用上随心所欲的不良现状，我们组织了一场班会"我的零花钱我做主"，引导学生珍惜父母的心血，节约用钱，尽量攒钱。绝大部分同学受到了教育，但也有学生提出用攒零用钱的方法太慢了，是否可以用其他方法来挣钱，这个提议得到了全班的认同。于是我因势利导，组织开展了"我会挣钱啦"系列活动（如下图）。以下是对"我会挣钱啦"系列活动的简述。

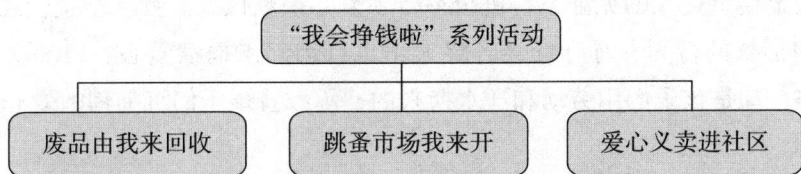

```
          "我会挣钱啦"系列活动
   ┌───────────┼───────────┐
废品由我来回收   跳蚤市场我来开   爱心义卖进社区
```

"废品由我来回收"：在班里组成废物利用回收小组，利用课间、课后以及运动会的时间，收集一些塑料瓶子、废报纸、废纸箱等，之后由孩子们与校外的废品站联系好，并把收集到的东西卖出去。

"跳蚤市场我来开"：孩子们通过旧物循环利用，用以物换钱的方式，把家中闲置的文化用品、玩具、图书或者自己制作的手工品，拿到跳蚤市场与同学交换。在本次活动中所得的钱，一部分与学校近期开展的体育节相结合，作为体育节经费，另一部分由孩子自由支配，做一些有意义的事情。活动分两天进行，第一天虽然卖了部分商品，但还是有很多东西卖不出去，尤其是书籍类。第一天活动结束后，孩子们自己总结了失败的原因，并更新了一些策略。功夫不负有心人，第二天，孩子们把所有的商品都卖出去了，一共卖了685元，孩子们数着钱，个个都乐开了花！

"爱心义卖进社区"：在开展跳蚤市场的基础上，孩子们把从跳蚤市场上学到的东西运用到实际中，到社区开展爱心义卖活动，从人员安排、策划、进货等都由学生自主组织。当时恰好是圣诞节前夕，孩子们进了一些圣诞帽、圣诞面具，大家热情高涨，主动推销，"圣诞节快到了，给您的小孩买份圣诞礼物吧，他一定会很开心的！看，我们的面具多好看！""叔叔您长得真帅，买点东西吧，就当捐献您的爱心！"有的孩子还拿着海报到广场上招揽顾客，买东西的人渐渐多了起来，摊点上的东西也越来越少。最后一核算，共盈利 1200 元，孩子们的脸上洋溢着快乐和满足。

关于跳蚤市场和爱心市场中赚的这笔钱的用途，他们从一开始只想着把挣到的钱用来开 party 吃喝玩乐，慢慢转变为联系社区的爱心基金会，一致同意把这笔钱捐给村里的爱心基金会，帮助那些有需要的人。在全班同学和爱心基金会负责人的见证下，班级举行了爱心捐款仪式。社区基金会还通过孩子们捐款的行为，呼吁社会各界人士也行动起来捐献爱心。1200 元尽管不算多，却是孩子们用劳动和汗水换来的，承载着孩子们沉甸甸的爱心。

"我会理财啦"系列

升上五年级，学生已经不再满足于已有的东西。他们产生了比较明显的兴趣和爱好倾向，对事物形成了自己的看法，会关注身边的问题，渴望建立比较丰富的人际关系，想要了解的东西更多了。

在"我会挣钱啦"的基础上，我们成立了"班级银行"，班级银行中设立"赚钱俱乐部""花钱俱乐部"和"理财俱乐部"。三个俱乐部各司其职，都有自己的任务，负责策划并推动全班来开展活动。于是，这一学年，在三个俱乐部的带动下我们班继续开展各项财商主题活动。（如下页图）

```
                    "我会理财啦"系列活动

        ┌──────────────┬──────────────┬──────────────┐
    理财俱乐部       赚钱俱乐部              花钱俱乐部

      行              收   回   手        能      温
      长              集   收   工        量      暖
      进              废   旧   大        补      过
      班              瓶   报   义        给      冬
      级              子   纸   卖        站      至
```

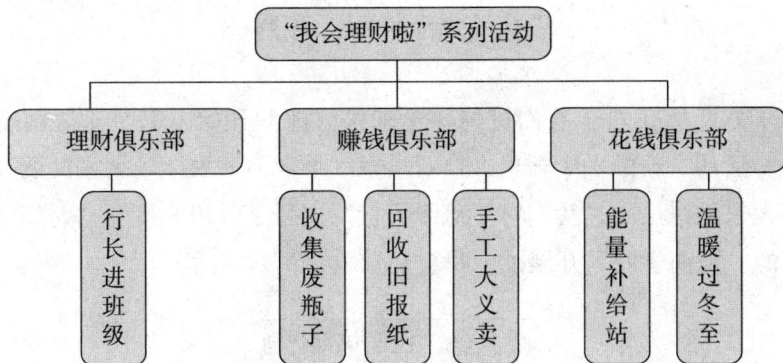

　　"理财俱乐部"：开展了银行行长进班级活动。在活动中，孩子们对真假钞的辨别、银行 ATM 机的操作、存款利率等基本情况有了初步的认识。

　　"赚钱俱乐部"：这个部门的同学负责策划如何通过更多的方式赚钱，他们组织开展了收集旧瓶子、回收旧报纸、手工义卖等活动。活动过程中，孩子们通过自己的劳动赚钱，更加明白赚钱不容易，也明白了"一分耕耘，一分收获"的道理。

　　"花钱俱乐部"：将赚到的钱用在孩子们认为有意义的地方：组织能量补给站，在体育节为运动健儿们送上葡萄糖水；开展温暖冬至活动，在冬至为学校里的清洁工阿姨们送上汤圆。孩子们用自己的行动为别人送上了温暖。

　　一系列的活动中，学生们更加感受到赚钱的辛苦，但是能用自己辛苦劳动赚来的钱为身边的人做一些力所能及的事情，他们很乐意。尤其是在"温暖过冬至"中，孩子们用收集废瓶子、回收旧报纸和手工义卖赚到的钱来给清洁工阿姨们送汤圆，在看到阿姨们感动落泪的那一刻，他们也在心里默默下定决心以后一定要讲卫生、不乱丢垃圾，不给阿姨们增加额外的负担，真正关心清洁工阿姨们。

"我会金融啦"系列

到了六年级，对于我们班的孩子来说，他们开始不满足于之前的"班级银行"活动。新的一年开始，针对未来一年如何开展活动大家又展开了讨论。在大家的讨论中，我们对"班级银行"进行了升级，变为"财商学院"。升级后的"财商学院"开展了"我会金融啦"系列活动。

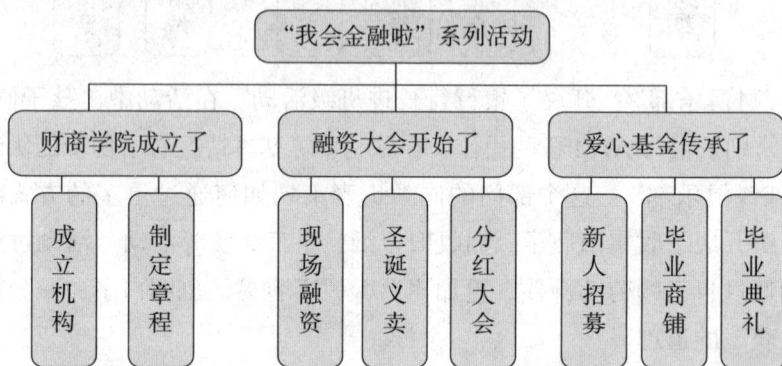

```
                      "我会金融啦"系列活动
          ┌───────────────┼───────────────┐
    财商学院成立了        融资大会开始了        爱心基金传承了
    ┌─────┬─────┐    ┌────┬────┬────┐  ┌────┬────┬────┐
   成立  制定      现场  圣诞  分红    新人  毕业  毕业
   机构  章程      融资  义卖  大会    招募  商铺  典礼
```

"财商学院成立了"："财商学院"分设"活动部""宣传部""会计部""外联部"和"学习部"五个常规部门，每个同学根据自己的能力和兴趣选择部门，并通过自荐和推荐的方式选出部长，由各部门部长组成财商学院理事会，负责统筹和组织财商学院的各项活动。为了毕业后能更好地传承"财商学院"的精神，我们还设立了"财商学院基金会"，并由学生亲自设计基金会的 logo 和章程。在这一过程中，学生们对"财商学院"有了更深的认同。

"融资大会开始了"：恰逢体育节，学生们想借此机会为学校做点什么，思考讨论了很久，决定由"财商学院"设置体育节专项奖，并为获奖的同学和班级颁发奖品。由于缺乏经费，在多次的尝试和实践中，我们最后决定用融资的方式来筹集这笔经费。在进行了充分的准备后，我们邀请部分商家来参加"融资大会"，并成功说服了商家们进行投资，筹集到 1000 元的资金。

孩子们用一部分资金购买了体育节专项奖的奖品，另一部分资金作为本金到市场进货，开展了圣诞义卖。圣诞义卖中学生们表现出色，不仅收回了成本，还赚了不少利润。学生们遵守和投资者们的约定，在圣诞义卖获利后，邀请投资的商家们召开了"分红大会"。分红之后，学生们把赚取的这些资金放进了"财商学院基金会"，作为"财商学院基金会"的第一笔资金。

"爱心基金传承了"：临近毕业，为了更好地传承财商学院的爱心精神，孩子们又进行了新成员的招募。经过两轮面试，最终确定了16名四、五年级的同学作为"财商学院"的新一届成员。在对新成员进行培训后，新成员还参加了"财商学院"组织的"毕业商铺"回赠母校的义卖活动。

离开母校之际，在"毕业典礼"上，"财商学院"的孩子们将三年来的财商系列活动搬上了舞台，用艺术化的形式向所有观众呈现这几年来的心路历程，这个节目还获得了市区教育局领导的高度肯定。

三年来，在财商主题教育活动中，学生的组织能力、策划能力、问题解决能力、实践能力等多方面的能力得到了发展；他们进一步理解了金钱的意义，明白钱只是衡量劳动的工具和中介，可以用它来做一些有益的事情；他们懂得了慈善也是一种理财方式，每个人都可以尽自己的一份力量，献上自己的一份爱心……

评　析

条块并进，加强主题纵横复合

主题复合系列，实际上是主题纵向延伸与横向扩展基础上的综合，是在一个更长的视野中，不断开发主题的内容维度和时间长度，为学生参与主题活动开发更大的时空，提供更多的资源，以此促进学生全程与全面发展。相比单纯的纵向延伸，主题复合系列增加了子系列横向的纬度开发，活动内容更丰富；相比主题单纯的横向扩展，主题复合系列延伸了大主题的纵向长度，发展梯度挖掘更清晰。因此，主题复合系列有利于主题本身的挖掘，能让主题在更高的层面得到呈现，出现更多新的形式，形成新的发展，从而创造出班级工作的活动品牌。徐老师开展的财商主题教育历经三年，不断深入，打开了人们对财商教育可能性的认识，逐渐形成了班级教育的特色，被各地关注。结合徐老师的实践活动，可以梳理出主题复合系列的开发策略，形成相关经验。

第一，以纵向延伸为主线。即在系列建构过程中，要以主题纵向发展作为贯穿始终的主线，要以年段或时间段为单位，分析主题与该阶段学生需要的契合点，提出有建设性的主题目标，并形成目标梯度，以此引领学生的发展。

徐老师的财商教育其实也是一步一步建设起来的，四年级最初"我会挣钱啦"，涉及学生个体的点状式行为，反映的是学生单方面挣钱的能力，相关内容在生活中也比较常见，难度相对较低；五年级变成了"我会理财啦"，这就涉及学生个体关联性的理财行为，反映的是学生多方面的能力，挣钱、花钱、存钱，是一种融通式的整体素养，而且俱乐部式的建制意味着重心下移、权力下放，对学生自主策划与实施活动提出了更高要求；而六年级学生的"我会金融啦"，相比挣钱、理财，金融似乎更加高大上，在实践领域与关系交往上发生新的变化，对学生提出了更高的素养要求，因而与四、五年级形成了梯度。

第二，以横向扩展为重点。如果说纵向延伸提供了目标指引，那么横向扩展则给予了具体的活动支撑，让学生发展能够真正的落到实处。以五年级"我会理财啦"为例，围绕理财，从赚钱、花钱、存钱三个维度展开，形成了三个小系列，然后又根据学生需要和实际可能，在每个系列下面开展若干有价值的活动，有力地丰富和支撑了上一层主题，从而形成了比较完善的内容维度体系，更为学生具体参与提供了广阔的空间。尤其是存钱维度的考量与设计，把学生引入到银行这一新的领域，与银行工作人员进行具体的交往，丰富了学生对于理财的完整认识。

第三，以共同创造为特色。以往的班级建设中，主题活动只是班队会的一节课，而在主题复合系列活动中，由于主题纵横多方面的深度开发，许多新的维度、新的空间被不断打开，这就要求老师跟学生不断打开自己的思维禁区，不断创造，更要在过程中不断提升自己的能力和素养。从学生方面说，在财商教育主题系列中，层层递进的活动极大地促进了学生财经素养的发展，他们一步步理解金钱的意义还在于给别人带来温暖，送上关爱。从老师方面说，班级建设系列活动的设计，需要建立在了解学生心理、年龄特点以及成长需求的基础上，对教师的理论素养提出了新要求，需要对学生发展心理学、财商教育等理论有系统的了解。只有教师本身的思路打开了，才能更好地引导学生进一步开展形式多样的活动，并达到师生共同成长的目的。

三年级，我能行

深圳市光明区实验学校　吴燕兰

> 围绕各年段学生成长角色特点和培养目标，根据每个年段学生的成长角色，明确教育要求，提出日常活动建议和激励方式，从而形成年段活动系列。
>
> ——张向众，叶澜：《"新基础教育"研究手册》，第246—247页

三年级学生处于儿童期向少年期过渡时期，处于小学阶段的转折年段，重要而敏感。学生在与人交往和学科学习中都充满了困惑和挑战，显得不知所措、不自信。我们班的孩子上了三年级后，情况比较典型，学生想好好表现，想做好事情，却常常做不好，和小伙伴交往却常因小矛盾无法很好解决而闹别扭，人际关系时常处于紧张状态。学科学习难度加大，对抽象思维要求提高，学生一时难以适应，上课不爱举手；学科成绩可能从一二年级的九十分以上，一下跌落至七八十分，在学科学习中也有挫败感。因此，在活动中让学生习得做事和交往的方法和策略，激发学生的勇气，最后变得自信，是我们班这一时期的成长需要和工作主线。

三年级，我策划

三年级开学之初，我设计了有关自信方面的家长和学生调查问卷，让家长和学生去做，并作统计。

从学生调查统计结果可以看出，在课堂上"经常举手发言"的有 23.5%，发言时"声音洪亮"的有 15.6%，"非常愿意尝试"回答难题的学生有 9.8%，比例比较低，生活上能主动接待客人的有 7.8%，或者有信心组织活动的有 11.7%，比例也比较低。这些结果表明，学生在生活中和在课堂上的自信严重不足。而从家长的调查问卷来看，结果和学生的大致相同。因此，我把我们班三年级的活动主题定为"三年级，我能行"。结合学校工作安排，经过师生共同商议，我们基本确立了三年级整个年段的主要活动（如下）。

1. 学科学习，我能行。

　　自信读：自信直播台

　　自信写：小小书法家

　　自信讲：自信故事会

　　自信夸：我的同学，你真棒！

2. 班级建设，我能行。

　　自信做：优化小岗位设置

　　自信展：班级文化布置

　　自信管：竞选班干部

3. 多彩生活，我能行。

　　自信练：广播操比赛

　　自信唱："明星"闪亮，自信绽放

　　自信演：自信飞扬，畅享艺术（节）

　　自信尝：暑期第一次勇敢尝试

学科学习，我能行

　　"学科学习，我能行"系列活动是主要与语文学科融通开展的班级活动。通过"自信读""自信写""自信讲""自信夸"，创设让学生敢于尝试的小舞台，激发学生的勇气和信心，转化为内驱力，促使学生主动发展，从不敢说到主动说、大声说、自信说。

　　我把每节语文课前五分钟的时间变成"自信直播台"环节，每个学生上台直播新闻。我有意识地把平时较积极的学生排在上台安排表的名单前面，贴在公告栏，让学生更有充分的时间作准备。直播题材要求是时事新闻或新闻故事，这要求学生做到关注新闻，关心时事，与语文学科综合融通，同时帮助学生开阔视野，搜集写作素材；演讲形式不限，可以照着稿子念，也可以脱稿；可以只念，也可以加上动作或者配乐……总之给予学生最大的自由和创意，任意发挥。刚开始，先由班级里平时比较积极的学生示范演讲，他们学着新闻主播的样子像模像样地念着摘抄下来的新闻，台下听众好奇地睁大眼睛、竖起耳朵，专心倾听，情到之处，或眉头紧皱，或忍俊不禁。演讲结束，台下听众总能报以热烈的掌声，直播的学生也更加神采奕奕。每一个上台直播的学生，都能得到一张自信能量卡，集齐红橙黄绿青蓝紫七种颜色的能量卡就可以登上"自信名人榜"。在积极者的带领之下，平时较少或从来不敢举手发言的同学也自然而然地作好准备。虽然刚开始他们的声音会比较小，神情不自然，眼睛只盯着稿子，但这一次的上台机会，对于他们来说有着非同一般的意义。再后来，有学生提出单个同学上去直播太单调，能不能找伙伴或者小队合作直播。当然可以，于是内容更加丰富、形式更加有趣的"自信直播台"成为学生课下精心筹备、课上翘首以待的"餐前菜"。

　　在先行者示范、集体友爱激励的氛围之中，学生重新客观评价自己，认识自己，相信只要自己努力，自己就是可以的！孩子们克服了心理恐惧，迈出了勇敢的第一步。这对其中一部分孩子来说，需要不小的勇气。他们的尝试成功告诉自己：只要"我敢"，我能行！

班级建设，我能行

"班级建设，我能行"是一个更高的展现自信的舞台。我们先组建小队，培养小队长，由先行者带动其余学生向同伴学习，共同进步，慢慢地部分能力突出、领导力强的小队长竞选班干部，组成班委，班级开始交由班委自主管理。

班委的组建，对于培养学生自信也是一个契机。首先，召开竞选班干部动员班会，鼓励孩子积极参与并作准备。有意竞选的孩子，事先做好精美的竞选海报，贴在教室后面的宣传栏上。海报上面贴着他们的个性照片，写着他们的座右铭、竞选的职位、工作计划和目标，这为竞选大会作了必要的准备和渲染。其次，召开竞选班干部班会，学生上台竞选。难能可贵的是，这次竞选的学生除了有平时能力较突出的小队长和岗位组长外，还有一些平时较少表现的实力派。他们的参选和在台上淡定的演讲竞选宣言，着实让我意外。最后全班民主投票，选出了班长、副班长、学习委员、纪律委员、劳动委员、体育委员、生活委员、文娱委员。就这样，以班长为首的班委会正式成立。

班级自主管理是培养学生自信的重要载体。我们从班级日常管理开始，倡导学生自主参与。班委会先召开会议，商讨各自工作计划，各委员长再找相关小岗位负责人，商讨工作方式改进策略。各委员长和相关小岗位负责人组成一个智囊团，共同策划和组织管理班级日常事务。后来这一个个的智囊团形成了部门，部门之间有了更严密的工作计划、分工和评价。正部长由委员长担任，副部长则由前期工作较认真负责、能力突出的部门成员担任。实际上，班委统领部门，部门又统领岗位组，形成了一个纵横交错的班级组织，让全体学生都参与进来，成为班级的管理者。

多彩生活，我能行

　　"多彩生活，我能行"则是依托学校大型活动，集体锻炼和展示自信。在前期活动的锻炼中，班委会干部的沟通合作、策划组织能力得到了较大的提高，逐渐可以独当一面，因此在学校的广播操赛比赛、"明星闪亮"合唱比赛和暑假活动中，我放手让班委会带领部门开展工作，在活动中锻炼班委的核心组织力量，而我逐步退到幕后成为学生的参谋和幕后策划者。

　　暑假前，我校"新基础教育"学生工作团队开始研究学生暑假生活的重建，每个班开展与班级文化相结合的暑假活动。前期活动主要在学校里开展，如何能借暑假契机打破这个局限，让学生在更大空间里培养和展现自信呢？于是，我们班开展了一次暑假生活主题的策划班会。会上，各部门展开热烈的讨论，最后学习部的"小博士"子欣建议，我们可以开展"勇敢第一次"活动，做一个我们从来没有做过的活动，借此锻炼学生的能力和自信。此言一出，得到了大多数同学的赞同，于是暑假"勇敢第一次"活动主题就确定下来了。

　　接着，就是活动的策划了。由于学生可能会在不同的地方过暑假，家庭住址也不集中，所以我们只能组成临时小队进行活动。学生根据自己在深时间和家庭住址远近自主组成活动小队，讨论制订活动内容并作计划。于是"和家人参与策划旅游路线""当一天的家""上大街去帮清洁工打扫""到社区义卖报纸"……一个个新奇的想法，经过招募和策划，在暑假里变成了实践。

　　假期里，他们利用电话或 QQ 联系并开展活动，同时把活动照片上传到班级 QQ 群。八个活动小队——"当家小主人""爱心义卖队""清洁小卫士""农活小能手""上班一族""旅游达人""独立挑战队""技能学习队"表现非常突出，尽管在前期他们已经作好策划，但实践中仍然面临许多未想到的状况和困难，但大部分孩子明知困难仍能迎难而上，不改变自己的信念和计划，最终圆满地完成了预定计划。活动让学生有了更深刻的体验，自信心得到更充分的培养和展现，也让学校、家庭和社区资源得到了较好的开发与利用。

四年级，再出发

四年级学期初我们又召开班会，对整个活动进行了回顾和总结，一路走来，很多学生从被动、胆怯变得主动、自信，这是一次次活动润物细无声的浸润和影响。然而这并不是结束，是另一个新的开始，我们继续对新学期提出了奋斗目标，确定四年级的主题是："我长大了"，计划是：完善部门工作、双班委轮换、我的六一我做主……

评　析

整体融通，实现年段综合成长

年段综合成长系列，实际上是跳出具体活动、具体主题，以年段为单位将本年段学生工作中的学科学习、班级建设、课余生活等多方面内容进行有机整合，促进学生和班级发展。

与之前的单个活动、单个主题系列不同，年段综合成长实际上涉及各个主题多个领域，包括学生学科学习、班级建设、课余生活等方方面面，如何把这些内容与资源进行整合，实际上关系到班级日常生活的整体更新问题，而不是某段时间、某个领域的局部更新。这将给班级生活面貌带来根本性变化和整体转型，并以此促进学生的转型式发展，这是"新基础教育"班级建设的最终目标，意义十分重大。当然，任务十分艰巨，需要班主任老师有巨大的勇气和宽广的视野，更要有丰富的智慧。具体来说要注意以下方面。

第一，明晰年段目标。年段综合成长系列核心是年段，师生应该对于小学各年段的具体教育目标比较清晰，并在此基础上具体把握当前班级所处的年段及其特点，一方面要加强理论学习，对各年段学生发展的共性有基本把握，把握该年段学生发展的共性与一般要求，另一方面也要加强对本学校本地区本班级学生的调查研究、观察访谈，弄清这个具体班级学生的特点，提出有针对性的目标。

吴老师所在的班级是三年级，她深刻地了解到三年级是儿童期到少年期的过渡期，并通过细致调研，发现这个新接班级突出的一点是比较缺乏信心，因而综合提出年段发展目标是"三年级，我能行"，并以自信贯穿于各个活动之中，很有针对性。

第二，综合环境资源。班级发展不是孤立存在的，因此在做班级活动规划时，要考虑班级发展所处阶段及其任务，也要考虑将班级置于学校、年级工作大背景下，班级需要完成什么样的工作，不能完全割裂。吴老师所带班级是三年级，在三年级下学期，学校及年级举办了一系列活动，广播操比赛、年级明星闪亮展示活动也必须开展，期末后的暑期生活策划也成了学校要求的新内容，如何在完成上级任务的同时，结合主题开展活动，促进班级发展，促进学生成长，考验着老师们的智慧，吴老师通盘考虑，巧妙结合，这点值得学习。

第三，把握教育重点。年段工作中，因为历经时间长，内容多，如果一股脑儿不加选择地开展，可能达不到目标，还会给学生造成敷衍了事的印象，不利于班级发展。因此，一定要在众多工作中把握关键环节，并以此为突破口积聚力量才能达到事半功倍的效果。三年级是班集体建设的关键期，是班干部培养的关键期，因此班级的建设和班干部培养是三年级班级工作的重点，吴老师在这方面花了较大力气，以此来带动学科学习、课余生活。在具体主题上也要突破难点，如在学科学习中，吴老师大量地围绕自信表达做了活动设计，包括自信读新闻、自信讲故事，针对性强，效果不错。

最后，要保持适度弹性。因为系列活动的时间较长，过程本身充满着不确定性，学生的实际参与程度、参与活动的情绪、参与活动时的状态都会在活动过程中发生改变，一些特殊事件、特殊人物也会成为活动开展中的不确定因素。因此，年段综合成长系列的活动安排应保持适当弹性，不能太满，要在过程中保持动态生成。

附　录

不同形式的活动系列设计指南

类型	教育主题	教育要求	开发要点
活动长程系列	同一活动前移后续	推进一个活动扎实开展，形成一段真实生活，促使学生更加积极参与，加深对活动的理解	全线拉长，单元细分，节点放大
主题横向系列	同一主题横向扩展	推进一个主题在不同维度上依次拓展，在相对整体时空里，促使学生聚焦主题，提升生活质量，加深对主题的结构性理解	主题维度要清，内容选择要精，活动组织要实
主题纵向系列	同一主题纵向延伸	推进一个主题在不同阶段逐渐深入，形成一段长程生活，促使学生更加关注差异与创造，加深对主题的层次性理解	学生需要梯度要清晰，活动任务梯度要清晰，主题内化梯度要清晰
主题复合系列	同一主题纵横复合	是主题纵向延伸与横向扩展基础上的综合，是在一个更长的视野中不断开发主题的内容维度和时间长度，为学生参与主题活动开发更大的时空，提供更多的资源，以此促进学生全程与全面发展	以纵向延伸为主线，以横向扩展为重点，以共同创造为特色
年段成长系列	同一年段综合生成	跳出具体活动、具体主题，以年段为单位将本年段学生工作中的学科学习、班级建设、课余生活等多方面内容进行有机整合，促进学生和班级发展	清晰年段目标，综合环境资源，把握教育重点，保持适度弹性

后记　一本书，一群人，一段生活

今天是约定交稿的最后一天，看着这本开始初具雏形的书稿，我心中不自觉升腾起一种感慨。我主动向编辑老师申请加一篇后记，想把书背后的故事说一说。从我的角度来看，它不只是一本书，更是一段见证、一份结晶和一个过程。

这是一段真诚合作的见证。这本书实质是"新基础教育"与光明区手拉手合作的成果之一，它从一个侧面见证了高校、中小学、区域教育机构三方紧密而有效的共同合作。首先要感谢华东师范大学"生命·实践"教育学研究院的老师们。叶澜教授创立的"新基础教育"理论为我们提供了最大程度的理论滋养，她与钟山教授的多次鼓励让我们倍感振奋；李政涛院长及诸位教授扎根学校、扎根课堂的务实作风，对我们有一种无形的感染力；尤其是我们的直接指导者李家成教授，因为儒雅、亲和、温暖，我们与班主任老师习惯称他为"家成哥"，当成自家人一样，他的高端引领和无私付出让我们的团队成员不断脱颖而出。还要感谢光明区教科研中心张元春主任，以及实验学校、光明小学、玉律小学、爱华小学、长圳学校的各位领导，正是他们的高瞻远瞩和主动担当，才让我们与华师大牵手，才让"新基础教育"的种子得以在光明开花。

这是一份真情投入的结晶。这本书是深圳市光明区"新基础教育"班队项目组全体老师的集体成果，四年多来，我们这个项目组一起开展了25轮班队项目的研讨，每轮三天，共听课、评课387节次。每次研讨课，对每位参与老师而言，都是一个磨砺的过程，大家哭过、笑过、委屈过、痛苦过、彷徨过，甚至退缩过，但是最后都坚持了下来，因此我想说，这小小的一本书，实际上承载着所有老师的真情投入。真心感谢每一位参与者，何维泉、张静慧、陈永忠、黄柳娟、郑晓云、李仰燕等作为学校项目组负责人，无论是在常规研讨活动的组织，还是在案例写作与收集上，都作了大量的工作；还要感谢为本书提供案例的各位班主任老师，必须指出，他们的精彩案例才是本书最大的亮点；对于篇幅限制而未入选的老师们，我们要表达歉意，我们希望未来能够以其他形式推出大家的成果。

这是一个真实成长的过程。作为本书的统稿人，我第一次独立地经历了一本书编辑出版的全过程，前后近两年时间，尤其难忘的是其中"投稿—退稿—修改—再投稿—再修改"的煎熬过程。感谢光明中学的方庆、钟杰以过来人的身份给我提供了很好的建议；感谢李家成教授从专业的角度，给予了我具体的指导；当然更要感谢华东师范大学出版社对书稿的偏爱，才让这本书能够顺利出版。在编辑的过程中，项恩炜老师不但独具慧眼，而且十分专业，他多次与我沟通，不断对文稿质量提出要求，让我真正认识到作品出版是一件极严肃的事情，后期任媛媛老师的细心编排、精益求精也给我留下了深刻的印象。在这个过程中，我自己也在随之更新，包括书名的确定、内容的编排、文献引用的准确把关、学生姓名的切实保护，都促使我从另外的角度重新认识以前的工作，这对于一个普通的教研员而言，是一份极其难得的经历。

真诚合作、真情投入、真实成长，可能就是我编完本书后最直接的感受。仔细想来，一本书背后其实就是一群人，就是一段生活。能够以这本小书来记录这一群可爱的人、这一段难忘的生活，是一件何其幸福的事啊！再次感谢一起同行的师长、同事、朋友，愿携手再创一段更美好的生活。

谢德华

2019 年 3 月 31 日

图书在版编目（CIP）数据

班级真活动，学生真发展："新基础教育"指导下小学班级活动 26 例及评析 / 谢德华编著．
—上海：华东师范大学出版社，2019

ISBN 978-7-5675-9072-4

Ⅰ.①班… Ⅱ.①谢… Ⅲ.①活动课程—教案（教育）—小学 Ⅳ.① G622.3

中国版本图书馆 CIP 数据核字（2019）第 063944 号

大夏书系·全国中小学班主任培训用书

班级真活动，学生真发展

——"新基础教育"指导下小学班级活动 26 例及评析

编　　著	谢德华
策划编辑	项恩炜
审读编辑	任媛媛
封面设计	奇文云海·设计顾问

出版发行	华东师范大学出版社
社　　址	上海市中山北路 3663 号　邮编　200062
网　　址	www.ecnupress.com.cn
电　　话	021-60821666　行政传真　021-62572105
客服电话	021-62865537
邮购电话	021-62869887　地址　上海市中山北路 3663 号华东师范大学校内先锋路口
网　　店	http://hdsdcbs.tmall.com/

印 刷 者	北京东君印刷有限公司
开　　本	700×1000　16 开
插　　页	1
印　　张	14.5
字　　数	205 千字
版　　次	2019 年 6 月第一版
印　　次	2022 年 11 月第三次
印　　数	8 101–10 100
书　　号	ISBN 978-7-5675-9072-4/G·12005
定　　价	42.00 元

出版人	王　焰

（如发现本版图书有印订质量问题，请寄回本社市场部调换或电话 021-62865537 联系）